DuMont Schnellkurs

SCHILLER

D1865943

Ehrenfried Kluckert, 1944 in Hamburg geboren, lehrte in Reutlingen und als Professor an der Universität Gießen. Heute lebt er als freier Autor im Markgräflerland/Südbaden. Er veröffentlichte u. a. *Neckarreise. Biographie einer Kulturlandschaft* (1999), *Gartenkunst in Europa. Von der Antike zur Gegenwart* (2000), *Reise nach Mömpelgard. Kulturgeschichtliche Streifzüge ins schwäbische Frankreich* (2001). Zuletzt erschienen im DuMont Literatur und Kunst Verlag *Heilige Räume* (2002) und *Eduard Mörike. Sein Leben und Werk* (2004).

DuMont Schnellkurs

SCHILLER

Ehrenfried Kluckert

DUMONT

Impressum

Umschlagvorderseite von links nach rechts und von oben nach unten:
Schillerbüste im Schiller-Nationalmuseum, Marbach (picture alliance/akg images) / Friedrich Schiller. Porträt von Gerhard von Kügelen nach einer unbekannten Zeichnung, 1808/09 (Marbach, Schiller-Nationalmuseum/Deutsches Literaturarchiv) / Entwurf zum »Dom Carlos«, 1783 in Bauerbach verfasst (Marbach, Schiller-Nationalmuseum/Deutsches Literaturarchiv) / Denkmal für Goethe und Schiller vor dem Nationaltheater in Weimar (picture alliance/Okapia) / Schillerhaus in Marbach (Ehrenfried Kluckert) / Titelblatt der »Räuber«, 1782 (picture alliance/akg images) / Szenenbild aus einer Aufführung von »Kabale und Liebe« in Wien, um 1810 (picture alliance/akg images)

Umschlagrückseite von links nach rechts und von oben nach unten:
Das Treiben auf dem Marktplatz von Ludwigsburg, 1780 (Stadtarchiv Ludwigsburg) / Charlotte von Lengefeld, Ölgemälde von Ludovika Simanowitz, 1794 (Marbach, Schiller-Nationalmuseum/Deutsches Literaturarchiv)

Frontispiz:
Friedrich Schiller, 1794, Kupferstich von Johann Gotthard Müller nach dem Porträtgemälde von Anton Graff (Marbach, Schiller-Nationalmuseum/Deutsches Literaturarchiv)

Bibliographische Information der Deutschen Bibliothek:
Die Deutsche Bibliothek verzeichnet diese Publikation in der Deutschen Nationalbibliographie; detaillierte bibliographische Angaben sind im Internet über http://dnb.ddb.de abrufbar.

Originalausgabe
© 2004 DuMont Literatur und Kunst Verlag, Köln
Alle Rechte vorbehalten
Druck: Rasch, Bramsche
Buchbinderische Verarbeitung: Bramscher Buchbinder Betriebe
Printed in Germany
ISBN 3-8321-7623-3

Inhalt

Inhalt

Inhalt

Mit einem Löwenherz geboren

1759: Österreicher und Russen siegen bei Kunersdorf über Friedrich II.
Lessings 17. Literaturbrief (Briefe, die neueste Literatur betreffend, hrsg. von Nicolai) mit Hinweis auf Shakespeare und Kritik am französischen Drama.
1761: Rousseaus »Die neue Heloise« und ein Jahr später, 1762, »Emile«.
1763: Friede von Hubertusburg zwischen Österreich, Sachsen und Preußen.
1764: Walpoles Schauerroman »The Castle of Otranto«.
1766: Lessings »Laokoon oder über die Grenzen der Malerei und Poesie«.
1770: Ludwig XVI., König von Frankreich, heiratet Marie Antoinette von Österreich. Goethe, Student in Straßburg (bis 1771), begegnet Herder.
1773: Goethes »Götz von Berlichingen«. Klopstock vollendet den »Messias«.

Friedrich Schiller ist mit einem Löwenherz geboren worden. Nur so konnte er seine Lebenskämpfe bestehen. Er focht gegen den Herzog, dem er als junger Mann verpflichtet war und von dem er sich in einer abenteuerlichen Flucht losriss, um sein Poetendasein zu begründen. Beharrlich und mit unerschütterlichem Selbstvertrauen gelang es ihm, sich als Bühnenautor zu etablieren. Den letzten Kampf gegen seine Krankheit konnte er nicht gewinnen. Mit 32 Jahren begann er seinem tödlichen Leiden Monat um Monat abzutrotzen, um ästhetische Traktate, historische Abhandlungen und die bedeutendsten Dramen der deutschen Literaturgeschichte zu verfassen. Dreizehn Jahre später, am 9. Mai 1805, starb er. Der Obduktionsbefund ergab ein kleines, verknittertes und zu einem kläglichen Rest geschrumpftes Herz.

Mit einem Löwenherz mag man geboren werden, doch taugt das Herz eines Neugeborenen noch nicht für große Taten. Trainiert wird es während der Kindheit und der Jugend. In diesen für den Lebensweg so entscheidenden Jahren werden die Gussformen unseres künftigen Denkens und Handelns ausgebildet. Kindheitserfahrungen und Jugenderlebnisse zeichnen den Lebensweg vor. Friedrich Schiller hat das sehr bald erkannt:

»Die ersten Jugendjahre bestimmen vielleicht die Gesichtszüge des Menschen durch sein ganzes Leben,

Schillers Geburtshaus in Marbach am Neckar. Kreidezeichnung von Schillers Enkel Ludwig von Gleichen-Rußwurm, 1859.

so, wie sie überhaupt die Grundlage seines moralischen Charakters sind.«

Die Worte stammen vom 20-jährigen Schiller. Er studierte Medizin an der Hohen Karlsschule in Stuttgart. Es war ein ungeliebtes, aber unvermeidliches Studium, da er sich den Zwängen der herzoglichen Akademie ausgesetzt sah und seine Poeterey eher im Geheimen ausführen musste. Dichten galt als verwerflich. Es dennoch tun, erforderte Mut und Standfestigkeit. Die bittere Konsequenz: Die Flucht aus der Heimat in dic Fremde, die ihm »Freiheit zur Poesie« verhieß.

Friedrich Schiller, am 10. 11. 1759 in Marbach geboren, wurde einen Tage später in der nahen Stadtkirche getauft.

Rote Haare und Sommersprossen

Versuchen wir, die »Gesichtszüge des Menschen« während der ersten Kindheits- und Jugendjahre nachzuzeichnen. Beginnen wir mit der Geburt und ihrer sozialen Peripherie: Am 10. November 1759, einem trüben Wintertag, brachte Elisabeth Dorothea Schiller, geborene Kodweiß, das Kind unter fürchterlichen Krämpfen zur Welt. Die Stimmung in dem kleinen Haus in Marbach am Neckar war gedrückt. Der Vater, Johann Caspar Schiller, Leutnant in herzoglich-württembergischen Diensten, war zwei Wochen zuvor ins Feld gezogen. Ende Oktober noch konnte die Schwangere ihren Mann im Ludwigsburger Militärlager besuchen. Erste Wehen setzten ein, und sie glaubte, ihr Kind in einem Leutnantszelt zur Welt bringen zu müssen. Doch die Wehen beruhigten sich. Wenige Tage später dann kam es zur Geburt in Marbach, im Erdgeschoss des kleinen Schöllkopfschen Hauses. Das Kind wurde am nächsten Tag auf die Namen Johann Christoph Friedrich getauft. Rufname: Friedrich oder Fritz.

»Friedrich der Einzige«, so wurde der gefürchtete und zugleich bewunderte »Große Friedrich«, der »Zweite Friedrich, König von Preußen« genannt. Friedrich, Caspar Schillers ersehnter Sohn, sollte »groß und einzig« werden. Ob der Vater den Namen aus Bewunderung des »großen Preußen« wählte, sei dahingestellt. Caspar Schiller zog in diesen widerwärtigen Siebenjährigen Krieg, weil er dazu verpflichtet war.

Friedrich Schillers Eltern Johann Caspar und Elisabeth Dorothea, geb. Kodweiß. Ölbilder Ende 18. Jh.

Bei dem mittleren der drei Fachwerkgebäude handelt es sich um das Geburtshaus Schillers in Marbach.

Brav tat er seine Pflicht. Doch wusste er, für welches politische Ziel er sein Leben riskierte?

Marbach, Schiller Nationalmuseum. Eingangsfront. Die Architekten Eisenlohr und Weigle nahmen sich 1902/03 für ihren Entwurf die Solitude bei Stuttgart zum Vorbild.

Etwas mehr als zwei Monate später nach der Geburt des Sohnes bezog die Truppe des Vaters im Januar 1760 ihr Winterquartier in Würzburg. Zusammen mit dem Neugeborenen Friedrich und der zwei Jahre älteren Schwester Christophine reiste Frau Dorothea Schiller ihrem Mann nach. Sie bezogen ein kleines Zimmer in einem Wirtshaus nahe der Mainbrücke. Wahrscheinlich blieb die Familie bis zum Frühjahr zusammen, denn im Mai hieß es: »Abmarsch der Truppen aus dem Winterquartier und Heimkehr nach Württemberg.« Vater Schiller wurde in das nahe Vaihingen bei Stuttgart beordert – leider nur für wenige Wochen. Dann kam der Befehl: »Abschied nehmen!« Caspar Schiller machte sich mit seiner Truppe auf zum letzten Feldzug nach Thüringen und Sachsen. Wieder folgten bange Wochen und Monate der Ungewissheit. Die Mutter litt, der Sohn kränkelte. Christophine suchte später nach den Gründen für die Krankheitsanfälligkeit ihres jüngeren Bruders und glaubte, sie in der depressiven Stimmung der Mutter gefunden zu haben.

Ein Familienleben lernte Friedrich in diesen ersten Jahren seines Lebens nicht kennen. Der Vater kam aus dem Feld und blieb nur wenige Tage. Dann rief die Pflicht, die verbunden war mit einer ungewissen Heimkehr. Bis zum Ende des Siebenjährigen Krieges hatten Frau und Kinder häufig Gelegenheit, dem Ehemann und Vater in die Winterquartiere nachzufolgen – nach Urach, später nach Cannstatt. Dann ging es wieder zurück ins enge Wohnhaus nach Marbach.

Zeugnisse über die Kindheit Schillers liegen für Marbach kaum vor. Im Jahre 1812 wurde von einem Marbacher Bürger zu Protokoll gegeben, dass der kleine Fritz ein Rotschopf gewesen sei mit Sommersprossen im Gesicht.

Das Schillerdenkmal in Marbach am Neckar gegenüber vom Schiller Nationalmuseum. Das Bronzestandbild von Ernst Rau (1876) stellt den jugendlichen Dichter dar.

Kindheit in Lorch

Im August des Jahres 1761 ernannte Herzog Carl Eugen Schillers Vater zum Hauptmann. Caspar Schiller überstand unbeschadet den Krieg und ließ sich nach dem Friedensschluss im Dezember 1763 als Werbeoffizier in die Freie Reichsstadt Schwäbisch Gmünd versetzen. Da das städtische Leben zu aufwändig war, zog die Familie in das benachbarte württembergische Dorf Lorch. Ihre erste Unterkunft fand sie im Gasthaus zur Sonne, dann beim Schmied Molt gegenüber dem Gasthof zum Lamm. An der Schmiede floss der Götzenbach vorbei, und hinter dem Wohnhaus breitete sich ein Garten aus. Der kleine Fritz erlebte eine Miniatur-Idylle und mochte sich am Lärm, der von früh bis spät aus der Schmiede herüberdröhnte, nicht gestört haben – im Gegensatz zu seiner Mutter. Unter den finanziell äußerst beengten Verhältnissen litt er ebenfalls nicht. Für das Nötigste war gesorgt, aber eben auch nur für das Nötigste. Als Werbeoffizier er-

Als Werbeoffizier zog der Hauptmann Schiller mit seiner Familie im Dezember 1763 zunächst nach Schwäbisch Gmünd und wenige Wochen später ins benachbarte Lorch. Lithographie um 1840.

Württemberg und der Siebenjährige Krieg
Im Vertrag von Versailles schlossen 1756 Frankreich, Habsburg, Russland und das Reich sowie Sachsen und Schweden gegen Preußen ein Offensivbündnis. Angesichts der erdrückenden Übermacht begann Preußen im August desselben Jahres einen Präventivkrieg gegen Sachsen, gewann ihn und richtete dort eine Operationsbasis ein. Preußen rang – später mit britischer Unterstützung – um seine Existenz. Württemberg hatte schon 1752 unter Herzog Carl Eugen einen Subsidienvertrag mit Frankreich geschlossen, dem zu Folge er im Kriegsfall 6000 Soldaten gegen Preußen aufbringen würde. Spätestens nach der Schlacht von Kunersdorf im Jahre 1759, die Preußen verlor, wobei es auf Grund der Uneinigkeit der Sieger dennoch keine politischen Nachteile erfuhr, löste sich das Bündnis gegen Preußen allmählich auf. Friedrich konnte den Status Quo behaupten, der ihm im Jahre 1763 im Friede von Hubertusburg zugestanden wurde.

hielt der Hauptmann Schiller kein Gehalt. Es galt, sich zu bewähren, um in der Gunst des Landesherrn aufzusteigen. Da die ihm unterstellten Unteroffiziere ebenfalls ohne Lohn waren, mussten sie, so verlangte es die Bestimmung, vom Hauptmann verköstigt werden. Um diesen Verpflichtungen nachzukommen und die häuslichen Bedürfnisse zu befriedigen, veräußerten die Schillers ihren Besitz in Marbach, einen Weinberg, der kurz vor der Weinlese nicht allzuviel einbrachte.

Fritz und seine Schwester Christophine verbrachten dennoch eine heitere Kindheit. Der Vater tobte hin und wieder jähzornig durch die Wohnung und maßregelte die Kinder. Die Mutter glich aus. Die Strenge und Ungeduld des Vaters war auszuhalten. Friedrich Schiller hat jedenfalls später niemals das Verhalten des Vaters beklagt. Ob ihm als Schüler bewusst war, welchem unwürdigen Beruf, dem eines Soldaten-Werbers, sein Vater nachging? Im allgemeinen wurde dieser Berufsstand als »merkwürdig seriös« charakterisiert. Erfolgreiche Werbegeschäfte führten häufig zum Weiterverkauf der Männer an befreundete Herrschaften, die »Soldatenware« für überseeische Kampfhandlungen benötigten. Davon erfuhr Friedrich erst in späteren Jahren, doch dürfte er den Erzählungen des Vaters vom Feldlager, von Scharmützeln mit dem Feind oder von den langen entbehrungsreichen Märschen gelauscht haben. Ob er sich später bei der Konzeption des Szena-

riums zu »Wallensteins Lager« an die frühen Lorcher Jahre erinnerte? Denkbar wäre es, zumindest thematisierte er das Verschachern von Soldaten in seinem frühen Trauerspiel »Kabale und Liebe«.

Pfarrer Philipp Ulrich Moser, Ölbild Ende 18. Jh.

Die pädagogischen Fähigkeiten und das Wissen des Vaters waren begrenzt, und so schickte er den Fünfjährigen 1764 in die Lorcher Dorfschule. Fritz lernte schnell und verfolgte aufmerksam den Unterricht, wie seine Schwester in späteren Erinnerungen notierte. Ein Jahr später schon war er bereit, beim Pfarrer Philipp Ulrich Moser Lateinunterricht zu nehmen – privatim. Der Einfluss des Pfarrers war immens. Moser, ein Schüler des Pietisten Johann Albrecht Bengel, eines der berühmten »Schwabenväter«, vermochte es, den jungen Friedrich nachhaltig für eine strenge Glaubenswelt zu sensibilisieren. Davon sind Erinnerungsbilder überliefert. Im Jahre 1790, wohl kurz nach seiner Trauung und der Verleihung des Hofratstitels, bat Schiller seinen Vater, ihm früheste Kindheitserlebnisse mitzuteilen. Offensichtlich plante er, so etwas wie eine Autobiografie seines Geistes zu verfassen. Postwendend erhielt der Sohn Antwort. Unter anderem las er:

»Sein Predigen in unserm Quartier in Lorch, da man ihm statt Mantels einen schwarzen Schurz, und statt Überschlages ein Predigtlümpchen antun müssen.« Tatsächlich stieg der kleine Fritz auf einen Schemel und hielt eine Predigt. Seine Schwester Christophine und sein Spiel- und Lernkamerad Christoph Ferdinand, ein Sohn Mosers, bildeten die Gemeinde.

Friedrich wollte Pfarrer werden, und das war auch der Wunsch der Eltern. Ihr gemeinsames Bestreben nach dem geistlichen Amt wurde von Moser unterstützt, was Vater und Mutter Schiller wohl aufatmen ließ, wurde doch im Herzogtum Württemberg die Ausbildung zum Pfarrer finanziell großzügig unterstützt.

Die Glaubenswelt der Pietisten war streng, doch Pfarrer Moser war gütig und aufrecht. Schiller verehrte den Mann und setzte ihm in seinem ersten Drama, den »Räubern«, ein Denkmal.

Abb. links:
Die Familie Schiller wohnte von 1764 bis 1766 in Lorch. Das Aquarell von Wilhelm Pilgram zeigt die Schmiede Molt gegenüber vom Gasthof »Sonne«.

Im Januar 1766 beendete Fritz den Dorfschulunterricht und konzentrierte sich auf seinen Lehrmeister Pfarrer Moser, der ihn in die Anfangsgründe des Griechischen einweihte.

Bald wuchs die Familie um ein weiteres Mitglied an, ein Mädchen, das auf den Namen Luise Dorothea getauft wurde.

Die finanzielle Belastung nahm zu, und Geldsorgen drückten den Vater. Der Herzog schuldete ihm nunmehr 3400 Gulden Sold, so dass Caspar Schiller beschloss, sich in die Garnison nach Ludwigsburg versetzen zu lassen, in der Hoffnung, bald den fälligen Betrag angewiesen zu bekommen.

Kurz vor dem Weihnachtsfest fand der Umzug statt. Die fünfköpfige Familie bezog eine Wohnung im Haus des Leibchirurgus Reichenbach in der Hinteren Schlossstraße, der heutigen Mömpelgardstraße. Reichenbach war der Vater der Künstlerin Ludovika Simanowitz, die später Schiller porträtierte. Zu Beginn des Folgejahres trat Friedrich in die Lateinschule ein. Der Unterricht fand vor- und nachmittags statt. Beim Präzeptor Abraham Elsässer besuchte er die Latein-, Religions- und Deutschstunden. Der sonntägliche Kirchgang war Pflicht. Wie sehr muss Fritz die idyllische Gegend in und um Lorch vermisst haben. Ludwigsburg war eine moderne und elegante Residenzstadt. Regulär und weitläufig angelegt, wies die Stadt breite Alleen sowie Hofplätze und Gärten für jedes Haus auf. Mehrmals konnte der Junge den prunkvollen Einzug Herzog Carl Eugens bewundern. Möglicherweise war er sogar dazu angehalten, Spalier zu stehen.

Erste Ludwigsburger Wohnung der Familie Schiller in der heutigen Mömpelgardstraße. Zeichnung von Lucie Störzer.

Opern- und Theateraufführungen. Ludwigsburg

Der junge Friedrich konnte sich vermutlich rasch über die verlorene Lorcher Idylle hinwegtrösten. Jeder Tag brachte Neues und Aufregendes. Unter den Nachbarn fanden sich italienische Handwerker, die am Schloss arbeiteten, oder Tänzerinnen aus Paris und Venedig. Theaterfrisöre, Kostümschneider oder Sprachlehrer traf man beim Bäcker oder während des abendlichen Spaziergangs. Ludwigsburg war eine aufregende Stadt.

Da die Offiziere mit ihren Familien freien Zutritt zu den Opern- und Theateraufführungen hatten, lud der Vater die älteren Kinder hin und wieder zu einem Theaterbesuch ein – mitunter als Belohnung für Schulfleiß. Er zeigte seinem Sohn auch seinen Arbeitsplatz. Im Sommer 1767 verbrachten beide zusammen einige Tage im großen Musterungslager des Herzogs. Erste Eindrücke vom Soldatenleben wurden empfangen, an die sich Schiller später bei der Konzeption von »Wallensteins Lager« erinnert haben dürfte.

In diesem Jahr zog die Familie um in die Stuttgarter Straße 26, ins Haus des Hofbuchdruckers Christian Friedrich Cotta, Onkel des berühmten Verlegers Cotta – was für ein denkwürdiger Zufall ... Ein Zimmer der neuen Wohnung bot einen Blick auf den großen Exerzierplatz. Kommandorufe und Trommeln dröhnten tagsüber durch die Fenster. Sogar das gefürchtete Spießrutenlaufen konnte beobachtet werden. Ob die Familie auch die grausamen Exekutionen auf dem Paradeplatz verfolgte? Als die gekauften Soldaten nach Hessen veräußert wurden, um in den amerikanischen Unabhängigkeitskrieg zu ziehen – natürlich auf der Seite der britischen Krone – kam es zu Unruhen, Meutereien und Erschießungen:

»... unser gnädigster Landesherr ließ alle Regimenter auf dem Paradeplatz aufmarschieren und die Maulaffen niederschießen. Wir hörten die Büchsen knallen, sahen Gehirn auf das Pflaster sprützen, und die ganze Armee schrie: Juchheh nach Amerika!«

So lautet eine Sentenz aus der Kammerdienerszene in »Kabale und Liebe«.

Pietismus in Württemberg
Die Entwicklung der evangelischen Kirche in Württemberg ist bestimmt vom Pietismus, einer religiösen Erneuerungsbewegung, die auf den lutherischen Theologen Ph. J. Spener (1635–1705) zurückgeht.
Er forderte ein tätiges Christentum mit praktisch-erbaulicher Ausrichtung. Dieses Gedankengut wurde von den »frommen Schwabenvätern«, unter anderem von Johann Albrecht Bengel (1687–1752) und Friedrich Christoph Oetinger (1702–1782) aufgegriffen und vertieft. Die bedeutendste Bildungsstätte des Pietismus war die Universität Tübingen. Die Stoßrichtung ging eindeutig gegen eine rationalistische Theologie. Im Vordergrund stand die sittlich-religiöse Schulung zum Zweck der moralischen Verbesserung des sozialen Lebens. Rhetorische Brillanz und tiefsinnige Gelehrsamkeit fanden bei den Pietisten keinen Anklang. Die Predigt sollte erbaulich und gefühlvoll sein, um den Menschen in seiner moralischen Anständigkeit zu bestärken.

Der junge Friedrich Schiller war ein musterhafter Schüler. Er bestand die jährlichen Landexamina mit Bravour. Sie galten als wichtige Voraussetzung für die spätere Aufnahme in eine Klosterschule und schließlich in das Tübinger Stift zum Studium der Theologie. Damals schon erwachte der Dichtergeist, der sich zunächst in dramaturgischen Spielereien äußerte. Friedrich improvisierte eigene Aufführungen, ließ ausgeschnittene Pappfiguren agieren und verpflichtete hin und wieder auch seine Geschwister und Freunde, bestimmte Rollen zu übernehmen. Am 1. Januar 1769 schrieb er wohl sein erstes Gedicht; zumindest ist es das älteste erhaltene Gedicht von seiner Hand. Er war damals 10 Jahre alt und richtete es als Neujahrsgruß an seine Eltern.

Ludwigsburg, Stuttgarter Straße 26, Cotta-Haus. Hier wohnten die Schillers von 1768 bis 1773 zusammen mit der Familie von Hoven.

In diesem Jahr rückte er auf in die dritte Klasse, die des Oberpräzeptors Johann Friedrich Jahn, des für Schillers Schulbildung wichtigsten Ludwigsburger Lehrers. Bald verfasste er erste lateinische Distichen. Sein Lehrer förderte diese poetischen Versuche, doch den größten Wert legte er auf das Erlernen und Verbessern der alten Sprachen Hebräisch, Griechisch und Latein. Logik und Rhetorik zählten ebenfalls zu den »Hauptfächern«. Deutsche Literatur, neue Fremdsprachen oder Philosophie und Geographie waren im Lehrplan nicht vorgesehen.

Schlank, hager und blass

Der verehrte Oberpräzeptor Jahn verließ Ende 1770 Ludwigsburg – auf Geheiß des Herzogs Carl Eugen, der eine Militär-Pflanzschule auf der Solitude oberhalb Stuttgarts gegründet hatte. Da der Schule philosophische Fächer angegliedert werden sollten, war einer der Besten im pädagogischen Landesrevier von Nöten. Und das war Johann Friedrich Jahn.

Friedrich Schiller zählte damals 12 Jahre. Er wird als schlanker, hagerer, blasser und rötlich-blonder Jüngling geschildert. Sein viertes Landexamen im September 1772 bestand er, wenn auch nur leidlich. Die Noten fielen durchschnittlich aus. Vielleicht waren es Krankheiten in Verbindung mit dem schnellen Wachstum, die ihn von der Schule fernhielten. Wie auch immer, das Examen war geschafft und das Ziel, Geistlicher zu werden, nicht aus den Augen verloren. Monate zuvor war er am 26. April, am Sonntag Quasimodogeniti, in der Garnisonskirche konfirmiert worden.

Die Pläne des Vaters, seinen Sohn zum Geistlichen ausbilden zu lassen, durchkreuzte der gnädige Landesherr. Caspar Schiller wurde eines Tages mitgeteilt, dass der Herzog es wünsche, den jungen Friedrich als Schüler auf der Militär-Pflanzschule zu sehen. Der Vater lehnte höflich ab mit der Begründung, dass Friedrich für die ehrenvolle Laufbahn des Pfarrers vorgesehen sei. Wie war der Herzog auf den jungen Schiller verfallen? Carl Eugen plante, die Pflanzschule in eine Elite-Universität umzuwandeln. Unter den Schülern des Landes suchte er nach den Begabtesten und ließ sich zunächst die Leistungen der Söhne seiner Offiziere melden.

Hof des Ludwigsburger Schlosses.

Der junge Schiller war ihm schon lange bekannt. Der Herzog gab nicht auf. Er köderte den Vater mit einer kostenfreien Erziehung und einer späteren großzügigen Versorgung. Er sicherte sogar die freie Wahl des Studienfachs und eine bessere Versorgung als die eines Pfarrers zu. Caspar Schiller konnte sich diesem Angebot nicht entziehen. Verlockend war es nicht, aber er wollte nicht Gefahr laufen, den Zorn des Landesvaters auf sich zu ziehen.

1775: Basedow gründet »Armenanstalt«. Goethe, »Die Leiden des jungen Werther«. Wieland, »Die Abderiten«.
1775: Beginn des nordamerikanischen Unabhängigkeitskrieges gegen England (bis 1783).
1778: Bayerischer Erbfolgekrieg mit Österreich. »Werthertracht« wird populär: Ungepudertes Haar, runder Filzhut, blauer Frack, gelbe Weste und Hose, braune Stulpenstiefel.
1779: Frankreich und Spanien belagern erfolglos Gibraltar (seit 1704 englischer Stützpunkt). Geheimrat Goethe unternimmt die 2. Schweizer Reise.
1780: Tod Maria Theresias, seit 1740 Herrscherin von Österreich-Ungarn.

Studium auf der Solitude

Am 16. Januar 1773 endete auf der Solitude, einem mit dem Lustschloss des Herzogs bekrönten Bergrücken oberhalb Stuttgarts, die Kindheit Friedrich Schillers. Dort lieferte der Vater seinen Sohn ab und übergab ihn der Fürsorge des Über- oder Landesvaters Herzog Carl Eugen. Für die folgenden sieben Jahre – so lange dauerte der in Knechtschaft erduldete Bildungsweg – war das Löwenherz Friedrichs gefordert.

In stahlblauer Uniform mit schwarzem Kragen und Ärmelaufschlag erschien Friedrich sommers um 6 Uhr und winters um 7 Uhr zum Rapport. Das Wecken fand eine Stunde vorher statt. Die Jungen schossen aus den Betten, wuschen sich in aller Eile und kleideten sich hastig an, denn die Prozedur des Frisierens war zeitraubend. Es galt, einen makellosen Zopf zu flechten und die über die Schläfen fallenden Papilloten zu drehen. Dann unterzog man sich gegenseitig der Prozedur des Puderns. Der Herzog legte großen Wert auf ein glänzendes Erscheinungsbild. Nicht selten erschien er unvermittelt, musterte seine »Söhne« und verteilte erbarmungslos Strafbilletts, die er den »Liederlichen« höchstpersönlich an den Rock heftete. Die Billetts enthielten die Art und das Maß der Strafe – meistens handelte es sich um Ohrfeigen, Stockhiebe, Arrest oder »Carieren«. Mit letzterem war eine Wasser-und-Brot-Mahlzeit gemeint, die im Stehen an einem separierten Tisch im Speisesaal eingenommen wurde.

Innenhof der Herzoglichen Militär-Akademie, die spätere Hohe Karlsschule in Stuttgart, die Herzog Carl Eugen zur Universität erhob. Sie wurde bald nach seinem Tod geschlossen. Kolorierter Kupferstich.

Von der Gärtnerschule zur Universität. Die Hohe Karlsschule
Altersweise und von den Prüfungen des Schicksals ernüchtert, sagte Herzog Carl Eugen rückblickend: »Müde, meine Aufmerksamkeit allzu viel auf Dinge gewendet zu haben, die dem Endzweck meines erhabenen Berufs nicht gemäß waren, entstunde der Gedanke, Jünglinge für die Zukunft zu bilden; der Keim des Gedankens war damals nicht ausgebreitet, 24 Jünglinge sollten es sein ...«
Es wurden mehr! Im Jahre 1770 zogen zunächst nur 14 verwaiste Soldatenkinder in eines der Zirkelgebäude des Schlosses, in dem er eine Gärtnerschule einrichten ließ. Gärtner sollten die jungen Leute werden, teilweise auch Stukkatoren oder Handwerker, die sich um die Erhaltung des Schlossareals zu kümmern hatten. Nach zwei Jahren zählte die Schule bereits 200 Zöglinge. Die Bildungswege verzweigten sich. Musikschüler trafen ein, und später wurde sogar eine gymnasiale Stufe eingeführt. Die »Militärische Pflanzschule« wandelte sich zur Zeit Schillers in die »Herzogliche Militär-Akademie«. Söhne aus dem Adel wurde aufgenommen, waren aber »im pädagogischen Prozess« den Bürgerlichen gleichgestellt – eine für die damalige Zeit ungewöhnliche Regelung. Ungewöhnlich war auch der gemeinsame Unterricht und das gemeinsame Gebet für Katholiken und Protestanten. Die Schule des Herzogs galt damals in deutschen Landen als eine der modernsten pädagogischen Einrichtungen ihrer Zeit. Nur die Universitäten Tübingen, Göttingen und Leipzig hielten einem Vergleich stand. Im Dezember des Jahres 1781 erhob Kaiser Joseph II. die Schule als Hohe Karlsschule zur Universität. Nur noch 12 Jahre konnte sie sich ihrer Existenz erfreuen. Ende 1793 starb Herzog Carl Eugen. Ein halbes Jahr später wurde seine Akademie geschlossen.

Schiller blieb von Strafen weitgehend verschont, obwohl er sie zuweilen mutig herausforderte. Die Frisier-Prozedur war ihm besonders lästig. »Ich wollte, dass der verdammte Zopf beim Henker wäre«, soll er des öfteren ausgerufen haben. Hin und wieder handelte er sich wegen fehlender »fleckenloser Akkuratesse« Stockhiebe ein.

Der Unterricht erfolgte bis 11 Uhr. Er wurde von einer Putz- und Flickstunde abgelöst, die der Pflege der Kleider mit dem Ziel eines untadeligen Erscheinungsbildes dienen sollte. Nach dem Mittagessen – es musste klösterlich-schweigend eingenommen werden – standen Spaziergänge oder Exerzitien auf dem Programm. Danach verfügten sich die Schüler in die Unterrichtsräume und folgten den Ausführungen der Lehrer bis in die Abendstunden. Zum Nachtessen wurde Wasser gereicht. Um neun Uhr hieß es: »Bettruhe!«

Das Leben war streng geregelt, die Schüler waren kaserniert. Freiheitsentzug bestimmte die Zucht der Schule: »Kein Cavalier noch Eleve wird aus dem Haus gelassen, es wäre denn, dass Vater oder Mutter tödtlich wäre, alsdann selbiger mit einem Officier und einem Aufseher dahin zu schicken ist.« So lautete eine offizielle Anordnung, über die sich der Herzog oftmals hinwegsetzte. Warum trauern über den Tod des Vaters? »Tröst' Er sich«, ließ Carl Eugen verlauten, »ich bin sein Vater!« Und in vielen Fällen traf das tatsächlich zu, da er gnädigst auch und besonders gern die Zöglinge in seine Schule aufnahm, die den Luststunden seines Zeitvertreibs entsprossen waren.

Für die ersten drei Jahre sind nur mittelmäßige bis schlechte Leistungen überliefert. Lediglich im Griechischen und im Lateinischen glänzte Friedrich. Ansonsten interessierte ihn das Bildungsangebot nur wenig. »Er widmete alle seine Zeit, selbst auf Spaziergängen«, so ein Mitschüler, »ausschließlich dem Studium poetischer Werke«. Vor allem war es die Dichtung Klopstocks, die ihn begeisterte. Natürlich las er auch die Werke Goethes. Den »Clavigo« und die »Leiden des jungen Werther« hob er besonders hervor.

Im Akademiegarten erinnert der von Nicolaus Thouret gestaltete Adlerbrunnen (1811) an den Ort, wo die Gebäude der Hohen Karlsschule standen. Sie wurden 1944 zerstört. Im Hintergrund die Südfassade des Neuen Schlosses.

Schillers poetische Ambitionen wurden unterstützt von seinem verehrten Lehrer Jahn – vielleicht der einzige Lichtblick im trüben Schulbetrieb, denn das von ihm gewählte Jurastudium – was sollte er sonst studieren – betrieb er lustlos. Bis auf Jahn äußerten die Lehrer ihren wachsenden Unmut gegenüber Schiller und rieten dem Herzog sogar, ihn zu entlassen. Doch Carl Eugen soll lediglich entgegnet haben: »Laßt mir diesen nur gewähren. Aus dem wird etwas.« Vielleicht glaubte er, in ihm den künftigen aufrichtigen und devoten Untertanen zu erkennen, den er sich für seine Pläne wünschte. In einer vom Herzog regelmäßig geforderten Selbstbeurteilung schrieb Schiller unter anderem:

Herzog Carl Eugen (1737–1793)
Er war zweifellos eine der schillerndsten Persönlichkeiten der württembergischen Herzogsriege. Auf der einen Seite offenbarte er dem Volk schamlos seine Zügellosigkeit und Verschwendung, auf der anderen Seite tat er sich als Förderer der Künste, als Organisationstalent und Diplomat hervor. Seine üppige Hofhaltung und die verwerfliche Mätressenwirtschaft machten ihn zusehends unbeliebter. Um das aufwändige Hofleben finanzieren zu können, verkaufte er Soldaten an Frankreich, das im Siebenjährigen Krieg (1756–63) gegen England und Preußen kämpfte. Solche und andere unwürdige Diensthandel sowie die Erhöhung der Steuern, die von den Landständen zurückgewiesen wurden, setzte er willkürlich durch. Rechtsgesonnene Beamte und Staatsrechtler, die sich den Entscheidungen des Herzogs widersetzten, kamen ohne Recht und Urteil in Festungshaft. Ein politischer Wandel bahnte sich erst unter der Intervention des Wiener Reichshofrats an, der das Nachgeben des Herzogs erzwang und einen für die Landstände akzeptablen Rechtszustand wiederherstellte. Unter dem Einfluss seiner Geliebten Franziska von Leutrum kam der Herzog zur Ruhe. Mäßigung und moralische Besserung wurden wohlwollend zur Kenntnis genommen. Im Jahre 1774 erhob er die vom Adel und vom Volk gleichermaßen geachtete Franziska in den Stand einer Reichsgräfin von Hohenheim und heiratete sie 1785. 1791 wurde sie als Herzogin von Württemberg anerkannt. Am 24. Oktober 1793 starb Herzog Carl Eugen.

Herzog Carl Eugen (1737–1793), der »Vater« des Karlsschülers Friedrich Schiller, Gemälde von Christian Jakob Schlotterbeck, 1782.

»Ebenso habe ich Reinlichkeit am Körper bisher nicht so beobachtet, als es meine Schuldigkeit gewesen. Aber verzeihen Sie mir, Durchlauchtigster Herzog, diese Fehler, denken Sie an die Gnade zurück, die meine Eltern und ich selbst aus Ihrer Hand empfangen habe. Es ist Ihnen schon bekannt, gnädigster Herzog, mit wieviel Munterkeit ich die Wissenschaft der Rechte angenommen habe, es ist Ihnen bekannt, wie glücklich ich mich schätzen würde, wenn ich durch dieselbe meinem Fürsten, meinem Vaterlande dereinst dienen könnte, aber weit glücklicher würde ich mich halten, wenn ich solches als Gottesgelehrter ausführen könnte.«

Wie hielt es der Eleve Schiller mit der Reinlichkeit? Sein Freund Georg Scharffenstein schrieb in seinen Erinnerungen ungeniert: »Er war einer von den unreinlichen Burschen, und, wie der Oberaufseher Nies brummte: ein Schweinpelz.« Sein Freund Hoven drückte sich etwas gemäßigter aus: »Er macht aus der Reinlichkeit nicht die große Tugend, aber er scheint inzwischen doch derselben sich zu befleißigen.«

Offensichtlich ist ihm dieser Makel sehr arg gewesen, weswegen er sich dem Herzog in dieser freimütigen Weise offenbarte – natürlich mit dem Ziel, seine Studien ungestört fortsetzen zu können, um sich später der ersehnten Theologie zu widmen.

Daran war jedoch nicht zu denken. Schillers Hoffnung, bald ins gelobte Tübinger Stift zu ziehen, um sich zum Geistlichen ausbilden zu lassen, lief den Plänen des Herzogs zuwider, der die akademische Ausweitung seiner Schule in Richtung einer Universität plante. Außer der Theologie sollten in den folgenden Jahren alle universitären Fakultäten installiert werden. Zu diesem Zweck beschloss der Herzog Ende des Jahres 1775, seine Schule von der Solitude hinunter nach Stuttgart in die umgestaltete Kaserne hinter dem Residenzschloss zu verlegen.

Militärisch geordnet und uniformiert in eine Kolonne gereiht, marschierten die Schüler mit dem Lehrerpersonal hinab in den Stuttgarter Talkessel. Der Herzog gesellte sich alsbald zu ihnen und bildete die Spitze des feierlichen Zuges, der am Abend das Schloss erreichte.

Das Neue Schloss in Stuttgart (1764–1807), eines der letzten großen Stadtschlösser Süddeutschlands.

Auf dem Weg zum Medicus

Eine der ersten Amtshandlungen des Herzogs bestand in der Gründung der medizinischen Fakultät. Davon versprach er sich eine Steigerung seines Ansehens und überregionale Anerkennung, womit die Universität in greifbare Nähe rücken sollte. Der Herzog entschied, dass Schiller zusammen mit seinem Freund Wilhelm von Hoven, den er schon von Ludwigsburg her kannte, in das Fach Medizin hinüberzuwechseln habe. Für den jungen Eleven Schiller bedeutete das, Abschied von seinem ohnehin nicht geliebten Studienfach Jura zu nehmen. Doch die Alternative schreckte ihn, bedeutete sie doch den endgültigen Abschied vom Wunschstudium Theologie im »Tübinger Stift«. Entsetzt trat der Vater auf den Plan und erinnerte den Landesherrn an sein Versprechen der freien Studienwahl. Doch die Argumente des Herzogs leuchteten Johann Caspar Schiller schließlich ein: Jurastudenten, so Carl Eugen, seien in der Überzahl und könnten nach Studienabschluss kaum versorgt werden. Außerdem waren die Leistungen des Sohnes so weit herabgesunken, dass an ein weiteres erfolgreiches Studieren dieses Faches nicht zu denken sei. Außerdem könne ein Hofmedikus mit einer um vieles günstigeren Versorgung rechnen als ein Landpfarrer. Das leuchtete dem Vater ein, und sein Sohn studierte also fortan Medizin. Allmählich fand er Gefallen an seinem neuen Fach. Ihm dünkte das medizinische Studium als kühnes und aufregendes Unterfangen. Er hielt es für eine Wissenschaft, die »der Poesie verwandter« sei als alle anderen.

Im Fach Anatomie erwies sich Schiller als guter Student. Nach dem ersten Studienjahr erhielt er sogar die Note »sehr gut«. Er kam außerdem in den Genuss, an einem hervorragenden Philosophie-Seminar teilzunehmen, das der Professor Friedrich Abel abhielt. Abel war in der Akademie berühmt für seinen zweckorientierten Unterricht: »Ich suchte vorzüglich durch Hilfe der Philosophie gute und weise Menschen zu bilden; es war mir wichtig, sie so vorzutragen, dass ihr Geist und ihre Grundsätze auch in die übrigen Wissenschaften und

Friedrich Gottlieb Klopstock (1724–1803)

Klopstock, 1724 in Quedlinburg geboren, gilt neben Matthias Claudius als bedeutendster Dichter der Empfindsamkeit. Zwischen 1745 und 1748 studierte er Theologie in Jena und Leipzig (intensives Studium antiker Dichter) und verdingte sich anschließend bis 1750 als Hauslehrer in Langensalza. Zu dieser Zeit arbeitete er am »Messias«, einem biblischen Epos in Hexametern (20 Gesänge, abgeschlossen 1773). Nach längerem Aufenthalt in Kopenhagen lebte er ab 1759 in Halberstadt, Braunschweig und Quedlinburg. 1771 brachte er seine Oden heraus (unter dem Einfluss von Horaz, Pindar, Milton und Young entstanden), die er seit 1748 einzeln veröffentlicht hatte. Klopstock starb 1803 in Hamburg.

Künste, welche die Schüler studieren sollten, übergehen könnte.«

An der Seite seines verehrten Lehrers Abel lernte der nunmehr 17-jährige Schiller eine neue Welt kennen. Mit der Philosophie betrat er die aufregenden Gefilde der Ästhetik, Moral und Psychologie. So erhielten seine poetischen Ambitionen Unterstützung durch die Schule des abstrakten Denkens. Dichtung bestand nicht nur aus einer Präsentation von Stimmungen, Naturschilderungen oder dramatischen Handlungen, sondern äußerte sich im Spannungsfeld von ethischen Grundsätzen und artistischen Formen. Eine die Dichtung begleitende Philosophie vermochte die Eigenreflektion anzuregen und die eigene Sprache zu verbessern.

An der Stuttgarter Akademie hatte sich um Schiller allmählich ein Freundeszirkel herausgebildet, der die Dichtkunst glühend verehrte und selbst an poetischen Versuchen arbeitete. Zu ihm gehörte der Erzfreund Scharffenstein, die von Ludwigsburg her schon bekannten Brüder Friedrich und Wilhelm von Hoven, Petersen, ein Nordschleswiger, und Boigeol, der zusammen mit Scharffenstein die »Mömpelgarder Fraktion« vertrat. Ihre Vorbilder waren Klopstock, dessen »Messias« zur Pflichtlektüre zählte, Shakespeare und Goethe, über dessen »Götz« und »Werther« die Freunde hitzig diskutierten. Die Lektüre wurde teilweise im Unterricht behandelt, teilweise aber auch als Schmugglergut eingeführt. Nächtens saß man bei Kerzenschein und brachte Gedichte, Prosastücke und dramatische Entwürfe zu Papier. Scharffenstein erinnerte sich an die Poetenkonvente an den Betten: »Man träumte schon von Edieren, Druckenlassen usw. Jeder sollte etwas machen. Schiller machte ein dramatisches Stück tragischen Inhalts, H(oven) ein Roman à la Werther, P(etersen) auch ein weinerliches Schauspiel, ich ein Ritterstück. Wir rezensierten uns nachher schriftlich, wie natürlich, auf das vorteilhafteste. Unser ganzer Kram taugte aber im Grunde den Teufel nichts.«

Schiller schrieb das Drama »Cosmus von Medici«, ein Stück, das von Bruderhass und Doppelliebe handelte. Es taugte aber »den Teufel nichts«, soll er gesagt haben, und er vernichtete die Blätter. Dagegen wurde sein erstes Gedicht »Der Abend« im »Schwäbischen Magazin« abgedruckt.

Möglicherweise behielt Schiller einige Skizzen seines Dramas zurück, oder er erinnerte sich an besonders ausdrucksstarke Szenen, die Mord und Liebe thematisierten, da er in den Jahren um 1776/77 seine Gedanken auf ein Theaterstück lenkte, dem er später den Titel »Die Räuber« geben sollte. Doch zunächst galt es, das Abschlussexamen im Dezember 1777 zu bestehen, um das medizinische Fachstudium aufzunehmen. Er brillierte im philosophischen Fach mit einem Disput über Abels »Ästhetische Sätze« und erreichte den vierten Platz von acht Kandidaten in der Medizin-Prüfung. So entschloss sich der Herzog, aus Schiller einen Hofmedikus zu machen und ließ ihn das Fachstudium beginnen: Philosophie, Pathologie, Semiotik und Therapie sowie Anatomie, Botanik und Physik beinhaltete der Lehrplan. Ferner standen für den »erweiterten Unterricht« ein Tanz- und Reitlehrer sowie ein Sprachmeister zur Verfügung, der Englischunterricht gab.

Mömpelgard
Mit der Vermählung des Grafen Eberhard IV. von Württemberg mit Henriette von Mömpelgard im Jahre 1397 ging ein Gebiet in der Burgundischen Pforte, Teil der heutigen Franche-Comté, mit dem Hauptort Montbéliard/Mömpelgard an das schwäbische Grafenhaus.
Am 17. Juli 1796 wurde die württembergische Grafschaft Mömpelgard mit ihren Nebenlanden nach Frankreich eingegliedert. Zur Zeit der Herrschaft Herzog Carl Eugens kamen viele junge »Württembergfranzosen« aus Mömpelgard an die Hohe Karlsschule nach Stuttgart.

Das Schloss von Mömpelgard, Detail eines Gemäldes.

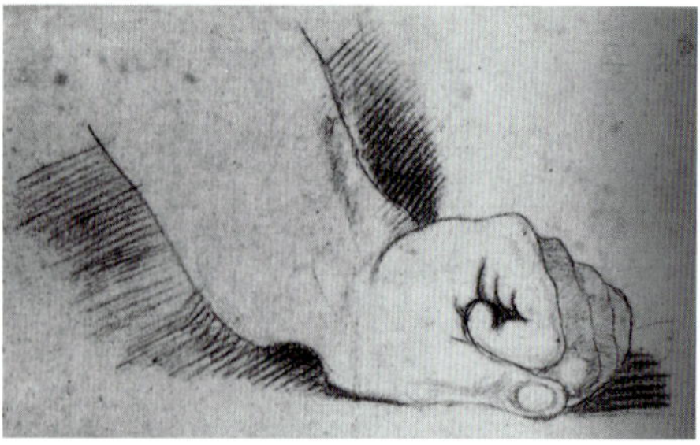

Eine von Schiller gezeichnete Anatomie-Studie, 1774.

Schiller konzentrierte sich auf sein Medizinstudium. Die Poesie spielte in dieser Zeit tatsächlich eine nur untergeordnete Rolle.

Sein einfühlsames Wesen und sein seelenvolles Verständnis für die Nöte seiner Schulkameraden konnte er eindrucksvoll in einem, wenn man so will, medizinischen Fall unter Beweis stellen. Nach dem Tod seines Vaters verfiel der Eleve Grammont aus Mömpelgard, also ebenfalls ein Württembergfranzose, in eine tiefe Traurigkeit, die sich immer häufiger in Flucht- und sogar Selbstmordplänen äußerte. Die Lehrer und andere Schulgenossen sprachen von einer »natürlichen Niedergeschlagenheit«, doch Schiller erkannte Grammonts seelische Nöte und drang darauf, ihn in die Krankenstube einweisen zu lassen. Die Akten berichten davon, dass die Professoren der Akademie den Kranken untersuchten und eine »hypochondrische Melancholie« diagnostizierten, die auf organische Fehler im Darmbereich zurückzuführen sei. Schiller verfasste im Frühjahr 1780 einen ersten Rapport über die Krankheit Grammonts. Darin heißt es unter anderem: »Die ganze Krankheit ist meinen Begriffen nach nichts andres als eine wahre Hypochondrie, derjenige unglückliche zustand eines Menschen, in welchem er das bedauernswürdige Opfer der genauen Sympathie zwischen dem Unterleib und der Seele ist, die Krankheit tiefdenkender, tiefempfindender Geister und der meisten großen Gelehrten. Das genaue Band zwischen Körper und Seele macht es unendlich schwer, die erste Quelle des Übels ausfindig zu machen, ob es zuerst im Körper oder in der Seele zu suchen sei.«

Immerhin erreichte Schiller mit seinen scharfsichtigen Beobachtungen und klaren Begründungen, dass der Herzog sich des Zöglings annahm und ihn zur Erholung in seine ländliche Residenz Hohenheim schick-

Das Schillerdenkmal von Bertel Thorvaldsen auf dem Stuttgarter Schillerplatz, 1839. Im Hintergrund die Stiftskirche.

te. Der Aufenthalt tat wohl, doch bald schon zeigten sich die alten Symptome wieder. Schiller in einem weiteren Rapport: »Er geht immer mit dem Gedanken um, wie er keines reinen Vergnügens fähig sei, da ihm selbst diese letztere Lustreise so wenig verändert, ja vielmehr verschlimmert hätte; er glaubt, ohngeachtet aller Gegenvorstellungen, dass kein anderer Weg zu seiner Genesung übrig sei, als die Aufhebung aller seiner Verhältnisse mit der Akademie.«

Das waren klare Worte, die an das Selbstverständnis des Herzogs rührten. Dieser zeigte sich überraschend einsichtig und milde. Zusammen mit dem Kranken erörterten »Seine Herzogliche Durchlaucht« und Schiller die Situation in der Akademie, die sich für manche Eleven so eng ausnahm, dass keine Luft mehr zum Atmen übrig war. Grammont, so Schiller, ließ verlauten: »Als Tagelöhner oder Bettler würde er immer vergnügter sein als hier, weil er da frei sei ...«

Herzog Carl Eugen folgte den Gutachten Schillers – insgeheim war er vielleicht sogar stolz auf seinen Schüler – und gab den Zögling, der sich in der Akademie nicht mehr zurechtfand, frei. Schiller setzte sich fortan um so intensiver mit dem Ideal der Freiheit auseinander, zeigte die psychischen Folgen von Freiheitsentzug auf und überzeugte sogar den Herzog davon, dass die Akademie für manche Eleven nicht nur ein Quell der Freuden, sondern auch die Ursache für psychische Krankheiten sein könnte. Der Herzog ließ sich auf diese Debatte ein. Dass Schiller seinen Landesvater trotz des häufigen Aufbegehrens verehrte, steht außer Frage, denn auch noch nach seiner Flucht nach Mannheim versuchte er, eine versöhnliche Wiederannäherung zu arrangieren.

Akademie-Szenarium in Stuttgart

Schiller lebte sich in diesen letzten Jahren seiner Stuttgarter Zeit in das Akademie-Szenarium, das eng mit dem Hof verflochten war, ein. Häufig wurden er und andere Studenten zu Hoffesten eingeladen, um einen wie auch immer gearteten »akademischen Beitrag« zu leisten. Meistens handelte es sich um kleinere Aufführungen oder Festreden. Am 10. Januar 1779 führte zum Geburtstag Franziskas von Hohenheim, der späteren Gemahlin des Herzogs, eine kleine Studentengruppe das rokokohaft anmutende Stück »Der Preis der Tugend, in ländlichen Unterredungen und allegorischen Bildern von Göttern und Menschen« auf. Schiller schlüpfte in die unbedeutende Rolle des Bauern Görge. Vielleicht wollte man ihm und dem Publikum größere Partien ersparen, da er als Redner keinen guten Ruf besaß. Sein Vortrag fiel zu pathetisch aus, der Ton klang schrill und steigerte sich manchmal bis zum Geschrei. Dennoch war man bei Hofe vom Gehalt seiner Reden überzeugt. Vielleicht mäßigte er auch seine Stimme und seine Gestik. Immerhin wurde er zwei Mal aufgefordert, zum Geburtstag Franziskas zu sprechen.

Vorschläge für eine Dissertation von 1780. Der Randstrich links verweist auf den Titel der späteren Doktorarbeit: »Über den großen Zusammenhang der tierischen Natur des Menschen mit seiner geistigen.«

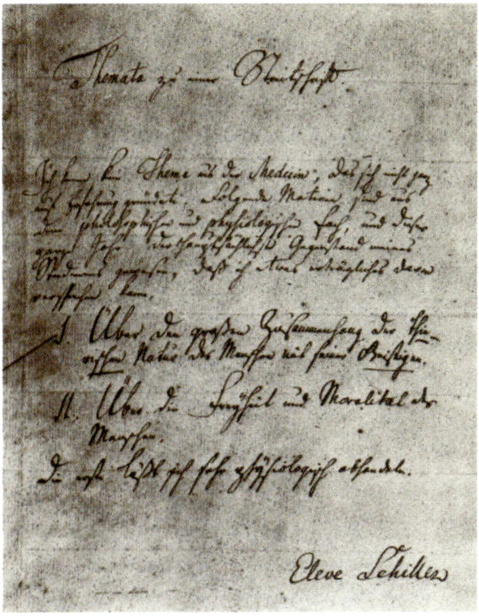
Themata zu einer Streitschrift.

I. Über den großen Zusammenhang der thierischen Natur des Menschen mit seiner Geistigen.

II. Über die Freyheit und Moralitaet des Menschen.

Eleve Schiller

Gegen Ende desselben Jahres sagte sich ein bedeutender Gast an, der inkognito reisende Herzog von Sachsen-Weimar, der sich zusammen mit Johann Wolfgang von Goethe auf dem Heimweg aus der Schweiz befand und in Stuttgart Station machen wollte, da die Akademie ihren Stiftungstag feierte. Am Abend fand im Weißen Saal des Schlosses die Preisverleihung an Studenten für hervorragende Leistungen statt. Einer der Preisträger war Schiller. Er erhielt drei Silbermedaillen und Diplome für Praktische

Medizin, Arzneimittellehre und Chirurgie. Er nahm die Preise in Anwesenheit der beiden Herzöge und Goethes entgegen.

Was für eine Situation! Der Weimarer Dichterfürst, 30 Jahre alt, sah in Schiller den künftigen Mediziner, der mit bebendem Herzen und glühenden Augen den Dichter des »Werther« und des »Götz« bewunderte.

Zu dieser Zeit befand sich Schiller bereits inmitten der Abschlussprüfungen, die er souverän bestand. Die eingereichte Dissertation »Philosophie der Physiologie« fand beim Herzog Gefallen, doch lehnten die Professoren die Arbeit wegen »anstößiger Besserwisserei gegenüber Kollegen« ab. Der Herzog entschied, Schiller noch ein weiteres Jahr studieren zu lassen.

Im Sommer des Folgejahres 1780 legte Schiller der Fakultät zwei Dissertations-Themen vor: »Über den Zusammenhang der tierischen Natur des Menschen mit seiner geistigen« und »Über die Freiheit und Moralität des Menschen«. Man entschied sich für das erste Thema. Das zweite kam wegen seines entschieden philosophischen Charakters nicht in Frage. Aber auch beim ersten Thema wurden Bedenken angemeldet, weswegen eine Art »Zusatz-Dissertation« ins Spiel gebracht wurde: »Über den Unterschied der entzündlichen und faulen Fieber.« Schiller machte sich an die Arbeit und konnte bereits im November beide Arbeiten abliefern. Die Professoren sprachen sich für ein positives Ergebnis aus, so dass Druckerlaubnis erteilt werden konnte. Am 29. November eröffnete der Herzog die Abschlussprüfungen. Am 9. und 12. Dezember bestand Schiller seine Prüfungen. Drei Tage später wurde er aus der Militärakademie mit der Anstellung als Regimentsmedikus entlassen. Der Herzog ließ ihn dem Grenadierregiment Agué in Stuttgart zuweisen. Schillers Monatsgehalt betrug 18 Gulden – so gut wie nichts also – mit der Begründung, dass die Mediziner sich erst nach Ablegung der Doktorprüfung an der medizinischen Fakultät der Universität Tübingen approbierte Ärzte nennen dürfen. Schiller und sein Vater waren enttäuscht. Widerspruch wurde nicht geduldet.

Jugendbildnis Schillers um 1780. Jakob Friedrich Weckherlin zugeschrieben.

1780: Wieland, »Oberon«.
1781: Washington besiegt mit französischen Hilfstruppen die Engländer bei Yorktown. Tod Lessings. Kant »Kritik der reinen Vernunft«.
1782: Seekrieg der Niederlande gegen England. Letzte mit dem Schwert ausgeführte Hexenhinrichtung in der Schweiz.

Friedrich Schiller als Regimentsarzt, 1782, Ölgemälde von Philipp Friedrich Hetsch.

Hofmedicus und Poet in Stuttgart

Die erste Stuttgarter Wohnung wird Friedrich Schiller wohl in der Legionskaserne am Wilhelmsbau bezogen haben. Die zuvor in der Akademie erfolgten Zwangsregelungen des Herzogs erfuhren keine Lockerung. Schiller war verpflichtet, Uniform zu tragen. Er durfte sich nicht ohne Genehmigung seines Generals von der Kaserne entfernen. Auch die Besuche bei den Eltern bedurften der Genehmigung. Seit 1775 wohnten die Eltern auf der Solitude, wo Caspar Schiller zum Vorgesetzten der Herzoglichen Hofgärtnerei ernannt worden war. Er erhielt die Oberaufsicht über alle geplanten Gartenanlagen, Baumpflanzungen und Forstschulen. Nun wandte sich der Vater an den Herzog und bat ihn inständig, seinem Sohn das Führen einer Privatpraxis in Zivilkleidern zu gestatten, um ein geringes aber lebensnotwendiges Zubrot zu verdienen. Der Herzog lehnte lakonisch ab: »Sein Sohn soll Uniform tragen!«

Schiller vergrub sich in der Kaserne. Er versah seine ärztliche Praxis zwar mit Ernst und Eifer, doch ließ er keine Gelegenheit aus, um sich dichterisch zu betätigen. Im Frühjahr 1780 nutzte er die Nachtwachen im Krankenzimmer, um sich mit seinem seit Jahren skizzierten Dramen-Projekt »Die Räuber« zu beschäftigen. Die Idee zu den »Räubern« geht wahrscheinlich auf den Januar des Jahres 1775 zurück, als Schiller im

Im mittleren der Ringgebäude der Solitude wohnten die Eltern Friedrich Schillers.

Die Legionskaserne in Stuttgart, Aquarell aus dem 19. Jahrhundert.

»Schwäbischen Magazin« die Erzählung »Zur Geschichte des menschlichen Herzens« von Christian Friedrich Daniel Schubart las. Möglicherweise begann er mit der Konzeption schon im Frühjahr. Als der von ihm bewunderte Schubart, der die Ränkespiele der Mächtigen poetisch geißelte und den Zorn des württembergischen Herzogs auf sich gezogen hatte, im Januar 1777 durch eine List Carl Eugens auf württembergisches Gebiet gelockt, verhaftet und als Gefangener auf den Hohenasperg gebracht wurde, war Schiller entsetzt und von tiefer Teilnahme für den Dichter bewegt.

Christian Friedrich Daniel Schubart (1739–1791)
Schubart, 1769–72 Organist in Ludwigsburg und Kapellmeister am dortigen württembergischen Hof, wurde wegen seines ungezügelten Lebenswandels und seiner satirischen Schriften 1773 des Landes verwiesen. Die jungen Poeten bewunderten und verehrten ihn als Freiheitsdichter. In seinen Oden (»Die Fürstengruft«, »Der ewige Jude«, »Freiheitslied eines Kolonisten«, »Kaplied«) stellte er die absolutistischen Herrscher an den Pranger und brandmarkte deren tyrannisches Vorgehen gegen das Volk. Im Jahre 1777 verhaftet, musste er 10 Jahre auf dem Hohenasperg zubringen. Dort entstanden 1785 seine »Gedichte aus dem Kerker«. Nach der Haftentlassung – Schubart war ein gebrochener Mann – stellte ihn der Herzog, um ihn »politisch zu entschärfen« als Theater- und Musikdirektor des Stuttgarter Hofes an.

Christian Daniel Schubart, Kreidezeichnung Ende 18. Jh.

Im selben Jahr noch machte Schiller sich an die Ausarbeitung seines dramaturgischen Vorhabens. Er legte die Grundzüge der Komposition fest und plante die tragische Verwicklung der Akteure Zug um Zug. Er formulierte erste Monologe und fixierte die einzelnen Auftritte. Neue Quellen taten sich auf: Der edle Räuber Roque im »Don Quixote« und die Ballade von »Robin Hood« inspirierten und motivierten ihn zur Überarbeitung von Charakterzügen und Dialogen und zur Feinarbeit der Handlungsführung. Ein Jahr später, im Mai 1778, unternahmen Schiller und seine Freunde einen ausgedehnten Spaziergang oberhalb des Stuttgarter Talkessels im Bopserwald. Mit von der Partie waren unter anderem der Maler Viktor Peter von Heideloff, sein alter Freund Wilhelm von Hoven und der später berühmt gewordene Bildhauer Johann Heinrich Dannecker. Unter einem Baum ließen sich die Freunde nieder, und Schiller las ihnen aus seinen »Räubern« vor. Heideloff skizzierte die Szene. Kurz vor Beginn der Arbeit an den Dissertationen konnte er im Sommer 1780 das Manuskript der »Räuber« zu einem vorläufigen Abschluss bringen.

Schiller liest seinen Freunden im Stuttgarter Bobserwald aus seinen »Räubern« vor. Federzeichnung von V. Heideloff, 1778.

Oden an Laura

Endlich, im Februar 1781, gelang es Schiller, sich aus den Zwängen des Kasernenlebens zu befreien. Zusammen mit Leutnant Franz Joseph bezog er ein einfaches Parterrezimmer im Gebäude des Professors Haug am Langen Graben, der heutigen Eberhardstraße 63. Sein Zimmer befand sich unmittelbar neben der Wohnung

Zwei Strophen aus dem Laura-Gedicht
»Freigeisterei der Leidenschaft«

Wie schnell auf sein allmächtig glühendes Berühren,
Wie schnell, o Laura, floß
Das dünne Siegel ab von übereilten Schwüren,
Sprang deiner Pflicht Tyrannenketten los,

Jetzt schlug sie laut, die heißerflehte Schäferstunde,
Jetzt dämmerte mein Glück –
Erhörung zitterte auf deinem brennenden Munde,
Erhörung schwamm in deinem feuchten Blick,

der Hauptmannswitwe Luise Dorothea Vischer und ihrer drei Kinder. Sie wurde als »magere Blondine mit blauen, schwimmenden Augen« geschildert. Sein Freund Petersen beschrieb sie gar als »verwahrlostes Weib, eine wahre Mumie.« Dennoch stilisierte Schiller die 30-jährige »Vischerin« zur poetischen Gestalt und präsentierte sie als »Laura« in seinen gleichnamigen Oden.

Schiller nannte die Witwe ein »gutes Weib, das sicherlich nicht hübsch oder geistreich war, doch etwas Gutmütiges, Anziehendes und vielleicht sogar etwas Pikantes an sich hatte«.

Der Arzt und angehende Dichter war endlich frei! Der langjährigen Kasernierung entronnen, konnte er sich hin und wieder unkonventionellen Neigungen, wie der zur »Vischerin«, hingeben. Das Verhältnis der

Stuttgart, Hauptstätter Straße, koloriertes Guckkastenbild, Ende 18. Jh.

beiden war kein Geheimnis. Gemeinsam besuchten sie Schillers Eltern auf der Solitude. Noch häufiger aber traf der Medicus mit ehemaligen Studenten und Leidensgenossen zusammen. Im Gasthof »Zum Goldenen Ochsen« in der Hauptstätter Straße bildeten sie einen fröhlichen Kreis: der Bibliothekar Petersen, der Medikus von Hoven, der Hofbildhauer Dannecker und der Hofmusiker Johann Rudolf Zumsteeg. Jährlich gab sich der General Augé die Ehre, aus Anlass des herzoglichen Geburtstages zum Bankett zu laden. Bei einem solchen Anlass soll Schiller volltrunken und nicht mehr in der Lage gewesen sein, einen Fuß vor den anderen zu setzen, so dass er in einer Sänfte heimgetragen werden musste. Seit diesem denkwürdigen Abend galt er in Stuttgart als Trinker.

Neben dem bereits abgeschlossenen Schauspiel »Die Räuber« entstand in dieser Zeit eine Fülle von flüchtigen und exaltierten Gedichten, unter denen sich die »Oden an Laura« als wahre Kunstwerke ausnahmen. Peter Lahnstein hat diese kurze Schaffensperiode mit den eindrucksvollen Worten umschrieben:

»Die Lektüre von Schillers früher Poesie gleicht einem Gang durch einen Keller im Spätherbst, wo links und rechts in den Fässern der junge Wein gärt, rumort, schmatzt, gluckst, rülpst. Ein säuerlich aromatischer Dunst schwebt im Gewölbe, nicht ungefährlich, mit todbringenden Essenzen gemischt. Geht die Zeit drüber hin, kann ein großer Wein daraus werden.«

»Die Räuber, ein unzumutbarer Stoff«

Im März 1781 ließ Schiller seine »Räuber« drucken. Die Kosten beliefen sich auf 150 Gulden, die er sich leihen konnte – Grundlage übrigens der späteren beträchtlichen Schuldenlast, da noch weitere Kredite aufgenommen wurden. Die Druckbogen sandte er nach Mannheim in die Hände des Buchhändlers und Hofkammerrats Christian Friedrich Schwan. Der lehnte jedoch wegen »Unzumutbarkeit des Stoffes« die Verlagsübernahme ab. Schiller überarbeitete sein Schauspiel und ließ es dann Mitte Juni anonym im

Selbstverlag mit einer erneuten Auflage von 800 Stück (12 Groschen pro Band) und mit den fingierten Druckorten »Leipzig und Frankfurt« erscheinen. Stolz schickt er ein Exemplar nach Mannheim. Schwan war begeistert und übersandte es Freiherr Wolfgang Heribert von Dalberg, dem Intendanten des Mannheimer Nationaltheaters. Dieser nahm bald darauf mit Schiller Kontakt auf, zeigte sich am Stoff interessiert und wünschte sich eine dramatische Bearbeitung für die Bühne. Ferner deutete er eine mögliche dauerhafte Verbindung zwischen seinem Haus und dem jungen Dichter an.

Christian Friedrich Schwan, Ölbild.

Schiller sah sich unvermutet zu Füßen des Parnass. Er machte sich sogleich an die Überarbeitung seiner »Räuber«. Immer wieder brachte er Korrekturen an, baute Szenenfolgen um und fügte Änderungen ein. Dalberg wünschte, das Stück im Spätmittelalter spielen zu lassen, um eventuellen aktuellen Anspielungen aus dem Wege zu gehen. Schiller lehnte ab. Doch Dalberg blieb hartnäckig. Eine solche Verbrecherbande, so der Intendant, könne sich »in unserem hellen Jahrhundert, bei unserer abgeschliffenen Polizey und Bestimmtheit der Gesetze« nicht halten. Schließlich lenkte Schiller zähneknirschend ein.

Die

Räuber.

Ein Schauspiel.

Frankfurt und Leipzig,

1781.

»Die Räuber«, Titel der Erstausgabe, 1781.

Viele Exemplare wurden verkauft. In Mannheim und Stuttgart sprach man in literarischen Zirkeln und in Theaterkreisen bereits über das Stück. Bald wurde es auch in deutschen Landen bekannt. Die erste Rezension erschien in der Erfurtischen Gelehrten Zeitung am 24. Juli:

»Volle blühende Sprache, Feuer im Ausdruck und Wortfügung, rascher Ideengang, kühne fortreißende Fantasie, einige hingeworfene, nicht genügend überdachte Ausdrüke, poetische Deklamazionen, und eine Neigung, nicht gern einen glänzenden Gedanken zu unterdrücken, sondern alles zu sagen, was ge-

Wolfgang Heribert Reichsfreiherr von Dalberg, Ölbild von J. Fr. A. Tischbein.

sagt werden kann, alles das karakterisiert den Verfasser als einen jungen Mann, der bei raschem Kreislauf des Bluts und einer fortreißenden Einbildungskraft, ein warmes Herz voll Gefül und Drang für die gute Sache hat. Haben wir je einen teutschen Shakespear zu erwarten, so ist es dieser.«

Mit den »Räubern« fand Schiller auch Freunde unter bekannten Dichtern, einer der ersten war der von ihm so verehrte Schubart, der zu dieser Zeit auf dem Hohenasperg inhaftiert war. Im Herbst des Jahres 1781 besuchte sein Freund von Hoven, nunmehr Waisenhausarzt in Ludwigsburg, die Haftanstalt Hohenasperg, wo Schubart den Geburtstag des Festungskommandanten General Philipp Friedrich Rieger inszenierte. Bei dieser Gelegenheit bat der Kommandant von Hoven, er solle doch zur kurzweiligen Gesellschaft für Schubart seinen Freund Schiller mitbringen. Schubart sollte eine Überraschung erleben. Ihm wurde geraten, eine Rezension der »Räuber« zu verfassen. An einem Novembertag erschien von Hoven mit seinem Freund »Dr. Fischer«, der Schubart vorgestellt wurde. Schnell kam das Gespräch auf die »Räuber«. Dr. Fischer erwähnte, dass er den Verfasser persönlich gut kenne. Darauf schaltete sich der eingeweihte Rieger ein und fragte Schubart, ob er den Dichter der »Räuber« nicht kennenlernen wolle? Nichts wünschte sich Schubart sehnlicher, und Schiller gab sich zu erkennen.

Damals war die Anonymität des Verfassers der »Räuber« bereits gelüftet. Am 22. Oktober 1781 erschien in der »Erfurtischen Gelehrten Zeitung« ein Artikel, in dem Friedrich Schiller als Dichter des Schauspiels »Die Räuber« und Metzler als sein Verleger in Stuttgart genannt wurden. Die Uraufführung der »Räuber« wurde auf den 13. Januar 1782 abends um 17.00 Uhr festgesetzt. Dass Schiller immer noch dem Herzog und seiner Freundin Franziska – das Paar vermählte sich erst 1785 – verbunden war, geht aus seiner Bitte an Schwan hervor, die Uraufführung keinesfalls auf den

10. Januar zu legen, da an diesem Tag der Geburtstag Franziskas gefeiert werde und er nicht abkömmlich sei. Am 12. Januar machten sich der Freund Petersen und Schiller auf den Weg nach Mannheim, ohne um Urlaub ersucht zu haben. In Schwetzingen stiegen sie in einem Gasthaus ab und unterhielten sich so angeregt mit einem hübschen Schankmädchen, dass sie Gefahr liefen, die Aufführung in Mannheim zu verpassen. Schließlich erreichten sie die Stadt und stiegen bei Schwan ab, der ihnen Unterkunft gewährte. Bereits ab ein Uhr Mittags begann sich das Theater zu füllen. Bald war das Haus nicht nur ausverkauft, sondern überfüllt. Aus der Pfalz, aus Darmstadt, selbst aus Frankfurt strömten die Zuschauer herbei, um dieses »berüchtigte Stück, das eine außerordentliche Publicität erlangt hatte« zu sehen. Schiller nahm mit seinem Freund Petersen in einer Loge Platz.

In deutschen Landen berühmte Schauspieler verkörperten die Räuber, so August Wilhelm Iffland den Franz und Johann Michael Böck den Karl Moor.

Der Erfolg war überwältigend. Im dritten Akt, in dem Karl Moor als Rächer im väterlichen Schloss auftritt, begann der Szenenapplaus, der bis zum Schluss anhielt.

Der Theaterplatz in Mannheim mit der Jesuitenkirche und der Theaterfassade (links), Kupferstich.

Begonnen 1777, vollendet 1780, Uraufführung 13. Januar 1782 in Mannheim

Gang der Handlung

Franz intrigiert gegen seinen Bruder Karl und spielt dem Vater Maximilian, dem regierendem Grafen von Moor, gefälschte Briefe zu. Diese sollen eine liederliche und verbrecherische Lebensführung Karls offenbaren. Der Vater enterbt seinen Sohn. Karl bildet aus Wut und Verzweiflung eine Räuberbande und wird deren Hauptmann.

Franz, der um Karls Verlobte Amalia buhlt, lässt, um schneller in den Besitz der Herrschaft seines Vaters zu gelangen, den Tod des Bruders vermelden. Der alte Moor bricht ohnmächtig – »wie tot« – zusammen.

In den böhmischen Wäldern treibt die Bande ihr Unwesen. Vom Militär umzingelt, bietet ein Pater Generalpardon an, falls sich der Hauptmann dem Gericht freiwillig stellt. Es gelingt den Räubern, sich durchzuschlagen, und Karl erreicht verkleidet das väterliche Anwesen. Er entdeckt die Schandtaten seines Bruders Franz gegenüber seiner Verlobten und dem Vater, der versteckt in einem verfallenen Turm dahinsiecht. Karl schwört Rache. Kurz vor seiner Festnahme erdrosselt sich Franz. Der Vater, seinen Sohn als Anführer von Räubern und Mördern erkennend, sinkt tot zusammen. Durch die Räuberbande bedrängt, muss Karl seine Verlobte Amalia, die zu sterben wünscht, töten. Er selbst überantwortet sich der Gerichtsbarkeit.

Bedeutung

Handelt es sich bei den »Räubern« um ein revolutionäres Freiheitsdrama? Die Vorreden Schillers gehen von einem anderen Sachverhalt aus.

Dem Freiheitsbegriff fehlt der politische Sinn, er wird vielmehr als »Unbeschränktheit der eigenen Person« definiert – verteilt auf Franz und Karl. Franz sieht seine Freiheit in Reichtum, Macht und Genuss ver-

Titelblatt der zweiten, verbesserten Auflage der »Räuber«, erschienen bei Tobias Löffler in Mannheim.

wirklicht, Karl in der Durchsetzung seines Feuergeistes. Beide Personen scheitern, der eine, Franz, aus Verzweiflung vor dem Verlust der Macht, der andere, Karl, aus der Einsicht, dass Verbrechen nicht zur Freiheit führen kann. Schiller wollte die Entartung eines Menschen zum Verbrecher begreiflich (Storz) und das Laster mit seinem ganzen inneren Räderwerk (von Wiese) sichtbar machen.

Grundlegend für die Charakterisierung der Personen und ihres Handelns waren die Vorlesungen von Schillers Lehrer Jakob Friedrich Abel, der die Rationalität psychischer Prozesse darlegte. Die menschlichen Akte, so Abel, sind berechenbar, mithin das Dasein eines Menschen. So ging es Schiller nicht nur um den Ablauf eines Schicksals, sondern auch um die Erscheinungsweise des Lasters. Im Vorwort von 1782 schrieb er:

»Diese unmoralischen Charaktere mussten an gewissen Seiten Glänzen, ja oft von seiten des Geistes gewinnen, was sie an seiten des Herzens verlieren... Man trifft hier Bösewichter, die Erstaunen abzwingen, ehrwürdige Missetäter, Ungeheuer mit Majestät, Geister, die das abscheuliche Laster reizet um der Größe willen, die ihm anhänget, um der Kraft willen, die es erfordert, um der Gefahren willen, die es begleiten.«

Johann Rudolph Zumsteeg, Freund Schiller, vertonte die »Räuber«. Die Kompositionen gab der Musikverleger Johann Michael Götz heraus. Wahrscheinlich wurden die Lieder schon zur Uraufführung gesungen. 1792 wurde Zumsteeg Leiter der Stuttgarter Oper.

So wird Karl als »edler Verbrecher« geschildert, der sich in einer Zeit fürstlicher Willkürherrschaften in »diesem Kastraten-Jahrhundert« aus »sittlicher Verzweiflung« zum Rebellen gegen die Gesellschaftsordnung aufschwingt und sein Selbst in Freiheit behauptet, gerade weil er sich vom »Idealismus des Verbrechens« lossagt und sich der Gerichtsbarkeit überantwortet.

In Karl entfaltet sich die Trias »Freiheit – Ich-Selbst – Größe«, mit der Schiller wie andere Stürmer und Dränger gegen den Geist der Aufklärung Stellung bezog.

August Wilhelm Iffland, Stich.

Augenzeugen berichten über die Uraufführung der »Räuber«
»Das Theater glich einem Irrenhause, rollende Augen, geballte Fäuste, heisere Aufschreie im Zuschauerraum. Fremde Menschen fielen einander schluchzend in die Arme, Frauen wankten, einer Ohnmacht nahe, zur Türe. Es war eine allgemeine Auflösung wie im Chaos, aus dessen Nebeln eine neue Schöpfung hervorbricht.«

Über die Schauspielkunst August Wilhelm Ifflands, der den Franz Moor verkörperte
»Mit grausend aufwärts gekehrtem, anfänglich glühend funkelndem, dann versteinert starrendem Blick, mit gehobener, da unbeweglich eingewurzelter Stellung, wobey die rechte hoch vorwärtsstrebende Hand Trutz, die linke krampfhaft gegen die Brust gesenkte Schutz anzukündigen schien, rief er: ›Rächet denn droben über den Sternen einer?‹ Nun eine Pause. – Leises, furchtsames, angsterpreßtes: ›Nein!‹ – Neue Pause. – Der gefürchtete Donnerschlag schmettert nicht herab. – Dem Gottesläugner wächst der frevelnde Muth. – ›Nein!‹ brüllt er zum zweyten Mal knirschend, mit geballter Faust gegen den Himmel, und mit hörbar aufstampfendem Fuße.«

Künftige Theaterpläne

Beglückt und zufrieden zog Schiller nach Stuttgart. Zu Kopf ist ihm der überragende Erfolg nicht gestiegen. Ganz im Gegenteil. Sachlich zog er ein Resümee:

»Der Geist des Dichter scheint sich mehr zum Heroischen und Starken zu neigen, als zum Weichen und Niedlichen. Er ist glücklich in vollen saturierten Empfindungen, gut in jedem höchsten Grade der Leidenschaft und in keinem Mittelweg zu gebrauchen.«

Kurz vor dem Abschied in Mannheim sprach Schiller mit Dalberg über künftige Theaterpläne. Der Intendant wies ihn auf den Fiesko-Stoff hin und wünschte sich eine Bühnenbearbeitung von Goethes »Götz von Berlichingen«.

In Stuttgart machte sich Schiller sogleich an die Arbeit, szenische Skizzen des »Fiesko« zu notieren, und rief emphatisch aus: »Meine Räuber mögen untergehen, mein Fiesko wird leben!« Damit spielte er auf die Mängel an, die ihm während der Nachbetrachtungen zu seinem Mannheimer Schauspiel aufgefallen waren. Noch im Januar überarbeitete Schiller sein Schauspiel und brachte es in der zweiten Auflage heraus. In dieser

Zeit vertonte sein Freund Rudolf Zumsteeg die »Räuber«: »Die Gesaenge aus dem Schauspiel die Räuber von Friederich Schiller. Mannheim in der Kuhrfürstlich Privilegierten Noten fabrique Von Johann Michael Götz.«

Schiller blieb also noch für lange Zeit der »Dichter der Räuber« – ein zuweilen unangenehmer Gedanke, da er nicht nur als Dramatiker, sondern auch als Lyriker hervortreten wollte. Seine »Anthologie auf das Jahr 1782« stand kurz vor der Veröffentlichung. Das schmale, seit langer Zeit vorbereitete und als Gegenstück zu »Stäudlins Musenalmanach auf das Jahr 1782« geplante Bändchen mit 83 Gedichten, von denen an die 60 von Schiller selbst verfasst waren – die anderen stammten von Haug, Petersen, von Hoven u.a. – sollte wieder anonym erscheinen. Doch die »Gothaische gelehrte Zeitung« lüftete zum wiederholten Mal das Geheimnis. Im Februar 1782 lag der Gedichtband »gedrukt in der Buchdrukerei zu Tobolsko« mit der Widmung »Meinem Prinzipal dem Tod zugeschrieben« in den Buchläden aus.

Was für ein Werk! Satirisch, schwülstig, wollüstig, grobschlächtig und flegelhaft! »Die schlimmen Monarchen« sind in der Folge von Schubarts Fürstengruft entstanden. Viele andere Gedichte sind im Tonfall Klopstocks gehalten. Die »Oden an Laura« dürften als die besten Stücke gelten. Schiller äußerte bald nach dem Erscheinen der Anthologie

In dieser Anthologie auf das Jahr 1782 sind Gedichte von Schiller und seinen Freunden aus der Karlsschule abgedruckt. Der Druckort ist fingiert. Es handelt sich um den Stuttgarter Verlag Metzler.

Anthologie

auf das Jahr

1782.

Gedrukt in der Buchdrukerei

zu Tobolsko.

Zweifel an der Qualität seiner Lyrik. In einer Selbstrezension im »Württembergischen Repertorium für Literatur« schrieb er:

»Überspannt sind sie alle und verraten eine allzu unbändige Imagination; hie und da bemerke ich auch eine schlüpfrige sinnliche Stelle, in platonischen Schwulst verschleiert. Sehr oft ist der Witz gezwungen und ungeheuer. Im Ganzen sind fast alle Gedichte zu lang und der Kern des Gedankens wird von langweiligen Verzierungen überladen und erstickt.«

Reise nach Mannheim

Die Vischerin war mit Henriette von Wolzogen befreundet, einer Dame aus Thüringen, deren Söhne die Stuttgarter Akademie besuchten. Über seine »Laura« lernte Schiller also seine spätere Gönnerin kennen. Zusammen unternahmen sie Ende Mai eine Reise nach Mannheim – wieder ohne Urlaub, aber mit der stillschweigenden Duldung des Kommandanten. Stolz wollte Schiller den Damen seine »Räuber« präsentieren, doch konnte das Stück wegen Unpässlichkeiten und Abwesenheiten einiger Schauspieler nicht gegeben werden. Eine missglückte Reise! Neben der Enttäuschung über die Aussetzung des Schauspiels handelte sich Schiller noch zusätzlich einen grippalen Infekt ein. Von Fieberanfällen geschüttelt trat er die Heimreise nach Stuttgart an. Dort erwartete ihn weiteres Ungemach, denn seine unerlaubte Fahrt nach Mannheim war natürlich nicht unbemerkt geblieben, zumal er in Begleitung von zwei Damen reiste. Der Herzog ließ ausrichten, dass sich der Regimentsmedikus unverzüglich in Hohenheim bei ihm zu melden habe. Serenissimus war ungehalten: »Er ist auch in Mannheim gewesen, ich weiß alles; ich sage, sein Obrister weiß darum.« Gelassen gab Schiller die »Auslandsfahrt« zu, doch schützte er seinen Kommandanten und erklärte, dass dieser vom Mannheim-Ausflug nichts gewusst habe. Zornig entließ ihn der Herzog: 14 Tage Arrest! Das war die Strafe. Auch die nahm Schiller gelassen hin, da er wusste, dass ihn Feder, Tinte und Papier in die Zelle begleiteten. Die Auseinandersetzung mit dem Herzog spitzte sich allerdings im Spätsommer zu. Der Anlass war lächerlich. In der 3. Szene des 2. Aktes der »Räuber« äußerte sich Schiller despektierlich über die Graubündner, dem »Athen der heutigen Gauner«. Das rief Proteste der Eidgenossen hervor, die bis zum Herzog Carl Eugen gelangten. Diese ihm lästige Beschwerde erzürnte ihn, und er ließ seinen Hofmedikus aufs Neue in Hohenheim erscheinen: »Bei Strafe der Kassation schreibt Er mir keine Komödien mehr!«

Schreibverbot! Schiller versuchte zunächst, auf diplomatischem Weg den Herzog umzustimmen. Vergeblich. Dann wagte er verzweifelt einen letzten Schritt: »Friedrich Schiller bittet unterthänigst um die gnädige Erlaubnis, ferner literarische Schriften bekannt machen zu dörfen ...« Er pochte auf die »herzogliche Vaterschaft«, die Carl Eugen nie müde wurde, für seine Zöglinge in Anspruch zu nehmen: »... dass mein Fürst und unumschränkter Herr zugleich auch mein Vater sey, giebt mir gegenwärtig die Stärke, Höchstdenselben einige unterthänigste Vorstellungen zu machen ...« Was für Vorstellungen? Natürlich die von seiner überraschenden Berühmtheit: »... dass ich von allen bisherigen Zöglingen der großen Karls-Akademie der Erste und Einzige gewesen, der die Aufmerksamkeit der großen Welt angezogen, und ihr wenigstens einige Achtung abgerungen hat.«

Was für ein Selbstvertrauen! Was für ein mutiger Schritt, den Herzog der Unüberlegtheit zu überführen, für den Fall, dass er das Schreibverbot aufrecht erhalten würde und sich damit um einen großen Dichter des Landes brächte! Er reichte dem »Urheber meiner Bildung« die Hand. Sie wurde zurückgeschleudert, die Annahme des Briefes verweigert und weitere Bittschreiben unter Arrestandrohung verboten.

1783 Versailler Friede: England erkennt Unabhängigkeit der USA an. Erste Ballonaufstiege mit Heißluft durch die Brüder Montgolfier.
1784 Herder »Ideen zur Philosophie der Geschichte der Menschheit«.
1785 Friedrich II. gründet den deutschen Fürstenbund. Handelsvertrag zwischen Preußen und den USA. Erste deutsche Dampfmaschine wird in Preußen in Betrieb genommen.

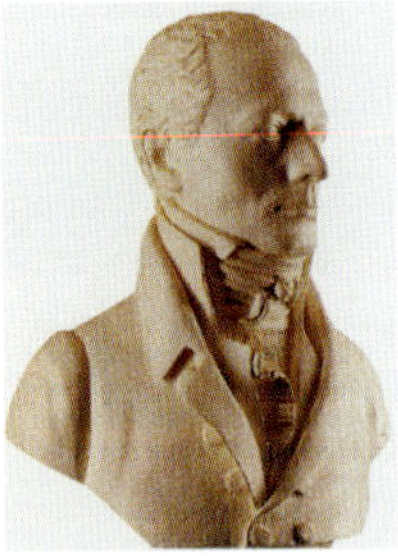

Johann Andreas Streicher, Schillers Freund und Fluchtgehilfe. Büste von Franz von Klein.

Flucht aus Stuttgart

Erhobenen Hauptes konnte Schiller seinen Plan in die Tat umsetzen, da der Herzog ihm nur diese einzige Möglichkeit ließ: Flucht. Allein? Kaum durchführbar. Er brauchte einen Vertrauten, den er in Andreas Streicher fand. Streicher, zwei Jahre jünger als Schiller und Kommilitone in Stuttgart, war seit einiger Zeit mit ihm aufs Engste befreundet. Schon in jungen Jahren fiel er als begabter Klavierspieler auf und suchte nach seinem Studienabschluss in Stuttgart die Laufbahn eines Musikers einzuschlagen. Er wurde als junger Mann mit rötlichen Haaren geschildert und einer »schön geformten Nase mit tiefem kühnem Adlerblick, der unter einer sehr vollen breitgewölbten Stirne hervorleuchtete«.

Die Zeit drängte, da für Mitte September eines der vielen brillanten und gewohnt überproportional üppigen Feste des Herzogs veranstaltet werden sollte. Maria Fedorowna, Nichte Carl Eugens, wurde zusammen mit ihrem Gemahl, dem Großfürsten und Thronfolger Paul nebst obligatem Hofstaat erwartet. Zur Vorbereitung der Festivitäten erfuhr die Residenzstadt die zu erwartende Umstrukturierung der öffentlichen Ordnung. Das erhöhte die Chance für eine erfolgreiche Flucht, denn die Ordnungskräfte waren auf eine reibungslose Abwicklung des Festzuges konzentriert. Da Streicher für das Frühjahr des Folgejahres 1783 in Hamburg einen Studienplatz bei Philipp Emanuel Bach erhalten hatte, wollte er seinen Freund Schiller begleiten. Das Ziel war Mannheim. Wenn auch die Beziehungen zum Theater eng und vielversprechend waren, gab es weder feste Zusagen für eine Anstellung Schillers noch verbindliche Übereinkünfte bezüglich der Theateraufführung künftiger Werke des Dichters. Die »Verschwörung des Fiesko. Ein republikanisches Trauerspiel« hatte Schiller in den letzten Tagen vor der Flucht in fieberhafter Eile abgeschlossen. Nun wurde das Manuskript mit anderen Habseligkeiten zu einem Fluchtgepäck-Bündel zusammengeschnürt und in Streichers Zimmer gebracht.

Stuttgart war ein Wespennest. In jeder Gasse, auf jedem Platz und entlang der Alleen bereitete man sich auf das Erscheinen des Großfürstenpaares vor. Die Häuser wurden geschmückt und nächtens illuminiert. Die Schlösser Hohenheim, Solitude und Ludwigsburg erstrahlten in einem nie gesehenen Glanz.

Stuttgart, der 22. September 1782. Die ganze Stadt war auf den Beinen. Während sich der Hof und die hohen Gäste auf der Solitude zum Souper zusammenfanden, hielt eine kleine Kutsche auf das Esslinger Tor zu. Die Wachen begrüßten die Insassen, die Doktores Ritter und Wolf, kontrollierten nur oberflächlich die Koffer und das Pianino, und ließen das Gefährt mit besten Reisewünschen Richtung Ulm ziehen. Sie konnten natürlich nicht wissen, dass die vermeintlichen Doktores schon wenige Kilometer nach dem Passieren des Tors eine Richtungsänderung vornahmen: Nicht nach Osten Richtung Ulm, sondern nach Nordwesten, Richtung Kraichgau und auf die Rheinebene zu ging die Fahrt: Vaihingen, Bretten, Mannheim! Sie überquerten die Direttissima zwischen der Solitude und Ludwigsburg. Streicher notierte: »... als der Wagen in die Linie der Solitude kam, zeigte das daselbst auf einer bedeutenden Erhöhung liegende Schloss mit allen seinen weitläufigen Nebengebäuden sich in einem Feuerglanze, der sich in der Entfernung von anderthalb Stunden auf das Überraschendste ausnahm.«

Schiller, mit einem letzten Blick auf die Anhöhe, wo sich hinter den Bäumen nahe des Schlosses die elterliche Wohnung verbarg, seufzte: »Meine Mutter!«

Am nächsten Morgen, gegen 8 Uhr passierten die Flüchtlinge die kurpfälzische Grenze. Bald war Mannheim erreicht.

Fiesko-Debakel

Schiller blickte nach vorn. Er kündigte eine baldige Präsentation seines neuen Stücks, des »Fiesko«, an, die wenige Tage später erfolgte. Meyer lud am 27. September Schauspieler des Theaters zu sich ein, darunter die Berühmtheiten Iffland, Beck und Beil. Sie versammelten sich um einen Tisch und erwarteten den Vortrag des Dichters. Der erschien mit seinem Manuskript und begann. Der Beifall nach dem ersten Akt fiel höflich aus. Der zweite Akt wurde schweigend hingenommen. Die Darbietung des dritten Akts wollte man gerne vertagen. Streicher war fassungslos, Schiller ertrug die niederschmetternde Reaktion der Zuhörer mit noblem Gleichmut. Was war geschehen? Streicher erinnerte sich an das Entsetzen Meyers, der mit vor Empörung zitternder Stimme fragte: »Sagen Sie mir jetzt ganz aufrichtig, wissen Sie gewiss, dass es Schiller ist, der die Räuber geschrieben? Das Allerschlechteste, was ich je in meinem Leben gehört ... erbärmliches, schwülstiges, unsinniges Zeug.«

Streicher ahnte den Grund für diese eisige Ablehnung – es war Schillers unseliger Vortrag. Glücklicherweise erbat sich Meyer das Manuskript für ein sorgfältiges Studium aus, dann begaben sich die Gefährten in ihr Quartier. Schiller, eben noch ruhig und besonnen, machte nun seinem Ärger Luft, verdammte die intriganten Schauspieler und behielt sich vor, selbst Komödiant zu werden, falls er nicht zum Theaterdichter tauge.

Noch in derselben Nacht nahm sich der Regisseur das Schauspiel vor, studierte es ausführlich und änderte seine Meinung. »Ein grandios Stück!« – mit diesen Worten soll er Streicher am nächsten Morgen empfangen haben. Und auf Streichers Irritation antwortete er: »Aber wissen Sie auch, was Schuld daran ist, dass ich und alle Zuhörer es für das elendste Machwerk hielten? Schillers schwäbische Aussprache und die verwünschte Art, wie er alles deklamiert!«

Nationaltheater Mannheim
Per Dekret vom 2. September 1778 ließ der Kurfürst Wolfgang Heribert Freiherr von Dalberg beauftragen, das Deutsche Nationaltheater in Mannheim zu gründen. Der Italiener Lorenzo Quaglio hatte aus einem alten Speicher jenes Theater schon zuvor (1775–77) erbaut. Durch geschickte Verhandlungen gelang es Dalberg, die besten Schauspieler Deutschlands an sein Theater zu holen: Iffland, Beck, Beil und andere. Wenige Jahre später konnte Schiller auf dieser berühmtesten Bühne Deutschlands seine »Räuber« zur Uraufführung bringen.

In Mannheim konnten für künftige Theaterpläne Schillers keine Entschlüsse gefasst werden. Dalberg weilte noch bei den Stuttgarter Festivitäten, und Meyer befürchtete, dass man von Stuttgart aus dem Flüchtigen nachsetzen lassen wollte. Er riet aus Sicherheitsgründen zur Fortsetzung der Flucht. So machten sich zwei Verzweifelte auf den Weg nach Frankfurt. Streicher, der treue Freund, sah seine verheißungsvolle Musiker-Karriere in weite Ferne gerückt. Schillers Zukunft schien verschlossen. In Frankfurt schrieb er Dalberg, von dem er sich trotz seiner politisch misslichen Lage eine feste Anstellung versprach, und schilderte seine Situation. Geldsorgen drückten: »Ich habe die nöthigen Hilfsmittel nicht, die mich in den Stand setzen, meinem Missgeschick Trotz zu bieten.« So lautete ein Hilferuf an Dalberg um einen Vorschuss von nur 300 Gulden auf den »Fiesko«. Doch Dalberg verweigerte sich. An einen Vorschuss war nicht zu denken, da der »Fiesko« in der vorliegenden Fassung unaufführbar war. Zwar erhielt Streicher den von seinen Eltern erbetenen Geldbetrag zur Weiterreise nach Hamburg, doch verzichtete er treuherzig, um dem Freund zu helfen.

Beide entschlossen sich, in der Nähe von Mannheim, und aus Sicherheitsgründen jenseits der kurpfälzischen Grenze, eine Unterkunft zu suchen. Am 11. Oktober bestiegen sie das Marktschiff nach Mainz. Von dort marschierten sie 9 Stunden lang nach Worms und weiter südwärts »beflügelt vom wahren Herzenströster Wein« nach Oggersheim, einem durch die Pfalzkriege verarmten Städtchen. Meyer, mit dem sie ständig in Kontakt geblieben waren, hatte diesen Ort empfohlen. Dort, im oberen Eckzimmer des »Viehofs«, bezogen sie Quartier. Ein Bett für beide, das musste reichen. Sieben Wochen blieben sie dort und pflegten ihr dürftiges Asyl. Die schon in Frankfurt begonnenen und während der Stuttgarter Arrestzeit bereits angedachten Skizzen zum Trauerspiel »Luise Millerin« – es sollte später in »Kabale und Liebe« umgetauft werden – beschäftigten Schiller. Doch Streicher und Meyer mahnten immer wieder die von Dalberg geforderte Umarbeitung des »Fiesko« an, denn die Annahme und Aufführung versprachen eine finanzielle Erleichterung. Schiller, wiederholt gedrängt von seinem Freund

Oggersheim. Im Gasthof »Viehof« wohnten Schiller und sein Freund Streicher als Dr. Schmidt und Dr. Wolf von Mitte Oktober bis Ende November 1782.

Streicher, disziplinierte sich und nahm sich den »Fiesko« vor. Doch Dalberg lehnte auch die umgearbeitete Fassung ab. Vielleicht wollte er sich nicht mit einem Flüchtling einlassen, von dem zu erwarten war, dass er Animositäten zwischen dem württembergischen Herzog und dem Kurfürsten heraufbeschwor. Als dann im Mannheimer Theater ein württembergischer Offizier vorstellig wurde, der sich nach Schiller erkundigte, traf man voreilige Vorbereitungen zur Flucht. Voreilig, weil es sich bei diesem Offizier um einen ehemaligen Akademie-Kameraden Schillers handelte, der den Dichter der »Räuber« treffen wollte. Davon aber hörte Schiller erst viel später. Jetzt galt es, sich möglichst weit von Mannheim zu entfernen. Er erinnerte sich an die Freundin seiner »Vischerin«, Frau von Wolzogen, die ihm schon früher eine Zuflucht im thüringischen Bauerbach angeboten hatte. Henriette, Freifrau von Wolzogen, war die Witwe des Freiherrn Ernst Ludwig von Wolzogen, eines Gutsbesitzers aus dem Thüringischen, der mit der Familie von Lengefeld bekannt war, jener Familie, der Schillers spätere Frau Charlotte entstammte.

Henriette von Wolzogen, die großzügige Gönnerin Schillers. Lithografie nach einem anonymen Gemälde.

Kurz vor seiner Abreise gelang es Schiller, sein »Fiesko-Manuskript« dem Mannheimer Buchhändler Schwan zu verkaufen. Er erhielt pro Druckbogen 1 Louisdor. 10 Louisdor wurden ihm sofort ausbezahlt. Davon konnte er alte Stuttgarter Schulden tilgen und seine Reisekasse aufbessern. Der treue Freund Streicher blieb zurück. Er fand in Mannheim eine Anstellung als Klavierlehrer und konzertierender Künstler. Wenige Tage vor der Abreise traf Schiller in Bretten nahe der Grenze mit seiner Mutter und seiner Schwester Christophine zusammen. Sie nahmen Abschied voneinander und würden sich erst 12 Jahre später in Stuttgart wiedersehen.

»Aufgeheiterten Gemüthes« in Bauerbach

Am 30. November brach Schiller in Oggersheim auf. Die Mannheimer Freunde und Streicher begleiteten ihn bis Worms. Dann stand ihm eine siebentägige

Fahrt durch die winterliche Kälte in den Thüringer Wald bevor. Am 8. Dezember traf er in Meiningen ein. Er stieg im »Gasthof zum Hirsch« ab, um dort den Bibliothekar Wilhelm Friedrich Hermann Reinwald zu treffen, der ihm das Bauerbacher Gut aufschließen sollte. Gleich am nächsten Tag schrieb er Streicher seinen ersten Eindruck von der neuen Behausung:

»Liebster Freund – Endlich bin ich hier, glücklich und vergnügt, dass ich einmal am Ufer bin. Ich traf alles noch über meine Wünsche. Keine Bedürfnisse ängstigen mich mehr, kein Querstrich von außen soll meine dichterischen Träume, meine idealischen Täuschungen stören. Das Haus meiner Wolzogen ist ein recht hübsches und artiges Gebäude, wo ich die Stadt gar nicht vermisse. Ich habe alle Bequemlichkeit, Kost, Bedienung, Wäsche, Feuerung, und alle diese Sachen werden von den Leuten des Dorfs auf das vollkommenste und willigste besorgt.«

In Bauerbach war er »aufgeheiterten Gemüthes«, hier fühlte er sich geborgen und konnte zum ersten Mal in seinem Leben ungetrübt seine poetischen Kreise ziehen. Der »Schlupfwinkel Bauerbach« geriet ihm zum ersten Musenort. Die Wegstrecke nach Meiningen war nicht allzu weit. Mit anderen Worten: Die Bibliothek war nah, und der Bibliothekar Reinwald versorgte ihn mit der verlangten Lektüre. Dokumenten zu Folge be-

Die Schlafkammer im Haus der Henriette von Wolzogen in Bauerbach.

Schillers Wohnhaus in Bauerbach, Lithografie von 1859. Hier schrieb er »Kabale und Liebe« und begann mit den Arbeiten am »Don Carlos«.

schäftigte sich Schiller unter anderem mit Lessings kritischen Schriften, Robertsons »History of Scotland«, Shakespeares »Romeo und Julia«, St. Réals »Histoire de Dom Carlos« und Wielands »Agathon«. »Romeo und Julia« interessierte ihn im Zusammenhang mit seiner »Luise Millerin« (»Kabale und Liebe«), und Réals Don-Carlos-Geschichte setzte erste Akzente zu Überlegungen eines gleichnamigen Dramas. Die Geschichte Schottlands rief damals schon ein erstes Interesse für die erst viel später bearbeitete Maria-Stuart-Thematik hervor.

Schiller freundete sich mit dem Bibliothekar an, der uns in seinem Tagebuch ein charaktervolles Bild des jungen Dichters vermittelt:

»Heute schloss er mir sein Herz auf, der junge Mann – Schiller – der so früh schon die Schule des Lebens durchgemacht, und ich habe ihn würdig befunden, mein Freund zu heißen. Ich glaube nicht, dass ich mein Vertrauen einem Unwürdigen geschenkt habe, es müsste denn alles mich trügen. Es wohnt ein außerordentlicher Geist in ihm, und ich glaube, Deutschland wird einst seinen Namen mit Stolz nennen. Ich habe die Funken gesehn, die diese vom Schicksal umdüsterten Augen sprühn.«

Neben dem Studium der Bände aus der Meininger Bibliothek war Schiller ausreichend Kurzweil geboten. Zu Beginn des Jahres 1783 besuchte ihn die Freifrau von Wolzogen in Begleitung ihrer 17-jährigen Tochter Charlotte. Schiller war von ihr begeistert, und nicht nur das: Er schwärmte für Charlotte, wollte sich mit ihr verloben und dachte sogar an Heirat. Er wünschte Charlotte, die in die Dienste der Herzogin von Sachsen-Gotha gestellt werden sollte, in seine Nähe, und riet von einer Anstellung am Hof ab. Klug und bestimmt antwortete die Freifrau, dass eine Annäherung zwischen dem Dichter und ihrer Tochter ausgeschlossen sei.

Die ersten Monate des Jahres 1783 waren arbeitsreich. Die »Luise Millerin« konnte abgeschlossen werden, so dass Schiller im Februar Verhandlungen mit dem Leipziger Verleger Weygand aufnahm, die aber an der Honorarfrage scheiterten. Mit Reinwald diskutierte er über die Geschichte der Maria Stuart und fertigte erste Szenenentwürfe an. Gedanklich kreiste er auch um den Don-Carlos-Stoff und entschied sich schon sehr bald, diesen anstelle des Maria-Stuart-Stoffs dramatisch zu bearbeiten. Auch ein Drama über den letzten Staufer, den jugendlichen Konradin, beschäftigte ihn und sollte später immer wieder in seinen Plänen auftauchen.

In diese poetische Idylle platzte ein Brief des Mannheimer Intendanten Dalberg herein. Er musste aus Leipzig von der »Millerin« erfahren haben, die ihn nun heftig interessierte, zumindest mehr als den »politischen Fiesko«. Er entschuldigte sich für seine »Untreue« und wünschte sich die Aufführungen eines »überarbeiteten und bühnenwirksamen Fiesko« sowie der »Millerin« im Nationaltheater. Schiller, erstaunt und freudig überrascht, nahm sich die »Millerin« ein weiteres Mal vor, fügte die Lady-Milford-Gestalt ein und übersandte das Manuskript an Dalberg. Die Erstausgabe des »Fiesko« erschien Ende April in der Schwanischen Hofbuchhandlung in Mannheim.

Im Juli entschied sich Schiller, Bauerbach Richtung Mannheim zu verlassen. Gegenüber Dalberg verhielt er sich versöhnlich, wohl wissend, dass dieser Mann ihm mit der Uraufführung der »Räuber« zu frühem Ruhm verholfen hatte. Kurz vor seiner Abreise erfuhr er von der Uraufführung des »Fiesko« am Bonner Kurfürstlichen Theater. Der Abschied von Bauerbach war endgültig. Aber Schiller behielt die Idylle im Herzen. Ein Jahr später schrieb er an Reinwald:

»Halten Sie es für kein leeres Geschwätz, wenn ich gestehe, dass mein Aufenthalt in Bauerbach bis jetzt mein seligster gewesen, der vielleicht nie wiederkommen wird.«

»Kaltes Fieber« in Mannheim

Die Reise führte ihn am 24. Juli 1783 über Gelnhausen und Frankfurt nach Mannheim. Überraschend konnte er seinen Freund Andreas Streicher sowie die Familie Meyer begrüßen. Er bezog Quartier bei Madame Hammelmann im Hubertushaus neben dem Schlossplatz.

Die Aussprache mit Dalberg fiel günstig aus. Der Intendant wünschte, dass Schiller sich für längere Zeit in Mannheim einrichten sollte. Zunächst war eine »Fiesko«-Aufführung geplant, dann sollte die »Millerin« auf die Bühne kommen. Man wurde sich sehr schnell einig und setzte einen Vertrag auf. Schiller war als Theaterdichter vorgesehen – zunächst für ein Jahr.

Nonnenkirche und Hubertushaus (links) in Mannheim. Kupferstich von 1782. Schillers Wohnung bei Madame Hammelmann im Hubertushaus von Juli bis Anfang November 1783.

Abzuliefern war neben den bereits anvisierten Stücken ein weiteres Schauspiel. Als Jahresgehalt waren 300 Gulden im Gespräch zuzüglich der Erträge je eines Theaterabends. Am 1. September trat Schiller seine Stelle an. Er nahm 200 Gulden entgegen, zwei Drittel seines Jahresgehalts.

Zu dieser Zeit wütete das »Kalte Fieber« in Mannheim, eine Art Malaria, an der schon Tausende von Einwohnern erkrankt waren. Das Fieber befiel auch Schiller und warf ihn auf das Krankenlager. Meyer, der ebenfalls an der Seuche litt, starb überraschend am 2. September. Schillers Genesungsprozess dauerte lange. Vier Wochen lang kämpfte er gegen das Fieber an. Der Arzt verordnete ihm strengste Diät:

»Schon vierzehn Tage habe ich weder Fleisch noch Fleischbrühe gesehen. Wassersuppe heute, Wassersuppe morgen, und dieses geht so mittags wie abends.«

Ob diese Vorschriften Schillers Gesundheit förderlich waren, mag dahingestellt sein. Vermutlich haben das Fieber und die Rosskuren seine Gesundheit ruiniert und den Keim für sein lebenslanges Leiden gelegt. Das vermutete er, der ehemalige Mediziner, später übrigens selbst.

Nach seiner Genesung machte sich Schiller mit Eifer über den »Fiesko« her, der als erstes Stück auf dem Programm des Theaters stand. Schnell lebte er sich in die Mannheimer Gesellschaft ein. Er freundete sich mit der 17-jährigen Margarete, der älteren Tochter des Buchhändlers Schwan an, dessen Haus Schiller häufig besuchte. Aus der Freundschaft wurde eine Liebelei – von Seiten Schillers. Margarete blieb kühl. Auch ein Werbebrief an den Vater brachte keine Fortschritte. »Sie passe nicht zu ihm«, war die knappe aber bestimmte Antwort.

Die Bühnenbearbeitung des »Fiesko« war abgeschlossen. Nun ging es ans Proben. Endlich, am 11. Januar 1784, konnte der »Fiesko« aufgeführt werden. Das Stück fiel zwar nicht durch, doch es rief keine Begeiste-

»Die Schaubühne als eine moralische Anstalt betrachtet« (1884)
Erklärungen über den Sinn des Theaterspiels und dessen Nutzen für das Wohl des Menschen: »Da aber eines weisen Gesetzgebers erstes Augenmerk sein muß, unter zwo Wirkungen die höchste herauszulesen, so wird er sich nicht begnügen, die Neigungen seines Volks nur entwaffnet zu haben; er wird sie auch, wenn es irgend nur möglich ist, als Werkzeuge höherer Plane gebrauchen und in Quellen von Glückseligkeit zu verwandeln bemüht sein, und darum wählte er vor allen andern die Bühne, die dem nach Tätigkeit dürstenden Geist einen unendlichen Kreis eröffnet, jeder Seelenkraft Nahrung gibt, ohne eine einzige zu überspannen, und die Bildung des Verstandes und des Herzens mit der edelsten Unterhaltung vereinigt.«

rung hervor. Vielleicht erwartete das Publikum eine Art Fortsetzung der »Räuber«, zumindest aber ein spannendes und mit einer rasanten Handlung versehenes Drama. Zwei Aufführungen gestattete Dalberg noch, dann setzte er das »republikanische Trauerspiel« ab. Lapidar bemerkte Schiller: »Den Fiesko verstand das Publikum nicht. Republikanische Freiheit ist hier zu Lande ein leerer Name. In den Adern der Pfälzer fließt kein römisches Blut.« Ganz anders übrigens die Publikumsbegeisterung in Berlin, wo das Stück innerhalb von drei Wochen vierzehn Mal gespielt wurde.

Doch das vom »Fiesko« enttäuschte Mannheimer Theaterpublikum musste nicht lange auf ein mit den »Räubern« vergleichbares, spannendes und publikumswirksames Stück warten. Ende Februar 1784 wurde Schiller nach kurfürstlicher Bestätigung in die Deutsche Gesellschaft aufgenommen. Seine im Juni gehaltene Antrittsrede trug den Titel »Vom Wirken der Schaubühne auf das Volk«. Sie erschien in der »Rheinischen Thalia« unter dem Titel »Die Schaubühne als eine moralische Anstalt betrachtet« und wurde später in den »Kleineren prosaischen Schriften I« abgedruckt.

Nach der letzten »Fiesko«-Aufführung ging man an die Proben zur »Millerin«. Iffland, der wie fast immer die Rolle des Schurken übernahm, in diesem Falle die des Sekretärs Wurm, konnte sich mit dem Titel des Dramas nicht anfreunden und schlug das zugkräftigere »Kabale und Liebe« vor. Dabei blieb es. Die Uraufführung fand zwei Tage vor der Mannheimer Premiere am 13. April in Frankfurt statt. Die Aufführung im Mannheimer Nationaltheater wurde von frenetischem Beifall begleitet. Nach dem Vorhang des zweiten Aktes erhob sich das Publikum und wandte sich mit stürmischen Beifallskundgebungen zur Loge, in der Schiller und Streicher saßen. Auch der Dichter, so erinnerte sich Streicher, stand auf »und verbeugte sich gegen das Publikum. In … der edlen stolzen Haltung zeigte sich das Bewusstsein, sich selbst genug getan zu haben, sowie die Zufriedenheit darüber, dass seine Verdienste anerkannt und mit Auszeichnungen geehrt wurden.«

Trotz der Theatererfolge konnte sich Schiller seines Lebens in der Residenzstadt nicht erfreuen. Schulden drückten ihn. Die großen »unfehlbaren« Einnahmen blieben aus. Trotz seiner Beliebtheit blieb er doch für viele politische konservative Kräfte ein württembergischer Deserteur, mithin ein »gefährliches und überflüssiges Subjekt«. Darunter litt Schiller. In einem Brief an Reinwald im Frühjahr 1784 sprach er seinen Kummer offen aus:

»Tausend kleine Bekümmernisse, Sorgen, Entwürfe, die mir ohne Aufhören vorschweben, zerstreuen meinen Geist, zerstreuen alle dichterischen Träume und legen Blei an jeden Flug der Begeisterung. Den ganzen Winter hindurch verließ mich das kalte Fieber nicht ganz. Bester Freund, ich bin hier noch nicht glücklich gewesen, und fast verzweifle ich, ob ich je in der Welt wieder darauf Anspruch machen kann.«

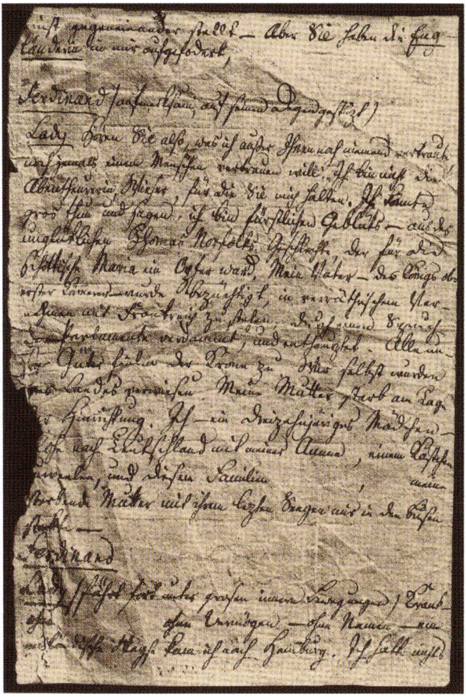

Erste Fassung des bürgerlichen Trauerspiels »Louise Millerin«, das später in »Kabale und Liebe« umgetauft wurde. 1783 in Bauerbach geschrieben.

Bürgerliches Trauerspiel

Im 14. Stück der »Hamburgischen Dramaturgie« (1767/69) versteht Lessing (siehe S. 58) unter dem Begriff des »Bürgerlichen Trauerspiels« die Herauslösung des Tragischen aus dem gesellschaftlichen Kontext (nach J. F. Marmontels »Poetique française«, 1763). Mit »Gesellschaft« war die höfische Welt gemeint. Schiller ging über Lessing hinaus, indem er die Herzensbildung in einem bestimmten Lebenszusammenhang thematisierte, der von den Widersprüchen der bürgerlichen und der höfischen Welt geprägt war.

Begonnen im Sommer 1782, vollendet im November 1782. Uraufführung am 11. Januar 1784 in Mannheim

Inhalt

Fiesko, Graf von Lavagna, will die Genuesen von der Tyrannei Gianettino Dorias befreien, um die Republik zu retten. Verrina, ein verschworener Republikaner, verfolgt dasselbe Ziel. Er will sich zudem am Tyrannen rächen, der seine Tochter Berta vergewaltigt hat. Verrina, gewiss, dass Fiesko Doria beseitigt, um selbst dessen Stelle einzunehmen, plant, ihn ebenfalls zu töten: »Den Tyrannen wird Fiesko stürzen, das ist gewiss! Fiesko wird Genuas gefährlichster Tyrann werden, das ist gewisser!«

Fiesko lädt den Adel Genuas zu einem Fest ein, zu dem auch die Verschwörer erscheinen. Doch dann trifft die Nachricht vom Verrat ein. Die Ereignisse überstürzen sich. Gianettino Doria findet den Tod. Zum Schluss stehen sich Fiesko und Verrina gegenüber. In der ersten Fassung stürzt Verrina Fiesko ins Meer, weil dieser sich den Herzogstitel anmaßt. In der zweiten Fassung bleibt Fiesko am Leben, da er der Herzogswürde entsagt.

Die drei Fassungen

Bei der zweiten Fassung handelte es sich um die »Mannheimer Fassung«. Die erste Ausgabe von 1783 war mit dem Untertitel »Ein republikanisches Trauerspiel« versehen. Die Bühnenfassung von 1784 wurde als »Trauerspiel« bezeichnet – übrigens im Widerspruch zum glücklichen Ausgang. In einer dritten Fassung, die Schiller für weitere Aufführungen in Mannheim vorgesehen hatte, variierte der Dichter den Schluss der ersten Fassung nur unwesentlich: Fiesko weigert sich, auf den Herzogstitel zu verzichten, woraufhin Verrina ihn erdolcht.

In den ersten beiden Fassungen geht es um den Konflikt zwischen Humanität und Machtgelüsten. Dieser Konflikt, Keimzelle des Trauerspiels, bestimmt das Handeln Fieskos und seines eigentlichen Widersachers Verrina. Schiller ging es um den Begriff der republikanischen Freiheit. Die Empfindungen des Helden, Quelle seiner Machtgelüste, waren das Fundament, auf dem er das dramatische Gebäude errichtete: »… aber die kalte, unfruchtbare Staatsaktion aus dem menschlichen Herzen herauszuspinnen und eben dadurch an das menschliche Herz wiederanzuknüpfen – den Mann durch den staatsklugen Kopf zu verwickeln – und von der erfinderischen Intrige Situationen für die Menschheit zu entlehnen – das stand bei mir«, so Schiller in seiner Vorrede.

1782 entworfen, vollendet im Juli 1783. Ursprünglicher Titel »Luise Millerin«. Titel »Kabale und Liebe« von Iffland. Uraufführung am 13. April 1784 in Frankfurt a. M., 15. April in Mannheim.

Inhalt

Die Verbindung des Adeligen Ferdinand, Sohn des fürstlichen Präsidenten von Walter, mit der bürgerlichen Luise, Tochter des Stadtmusikanten Miller setzt sich über die obligaten Standesgrenzen hinweg. Der Präsident beabsichtigt, seinen Sohn Ferdinand mit Lady Milford, der Mätresse des Herzogs, zu verheiraten, um seinen Einfluss bei Hofe zu stärken. Ferdinand weigert sich. Der Präsident heckt zusammen mit seinem Sekretär Wurm, der ebenfalls Luise zugetan ist, einen teuflischen Plan aus: Luises Eltern werden grundlos verhaftet. Die Hinrichtung droht. Nur ein eigenhändig geschriebener und von Wurm diktierter Liebesbrief an den Hofmarschall von Kalb vermag die Eltern zu retten. Ferdinand kommt in den Besitz des Briefes. Luise muss die Vorwürfe ihres Geliebten ertragen. Die Eltern kommen frei, und Ferdinand, verzweifelt über sein Geschick, vergiftet sich und Luise in ihrer Gegenwart. Sterbend deckt Luise die Intrige auf und vergibt Ferdinand, der dem herbeieilenden und um Vergebung flehenden Vater die Hand reicht.

Bedeutung

Der revolutionäre Grundgehalt des Trauerspiels dürfte mit »Ich klage an!« umschrieben werden. Mit flammenden Worten und teilweise überzeichneten Charakteren wendet sich Schiller gegen die auf gesellschaftliche Vorurteile gegründete Tyrannei und Fürstenwillkür: Es ist nicht die Liebe, die den tragischen Konflikt heraufbeschwört, sondern der Standesunterschied der Liebenden. Die zwischen der bürgerlichen und höfischen Welt sich entfaltende zwielichtige Atmosphäre wird in den Gestalten des Stadtmusikanten Miller und seiner Frau charakterisiert. Die Lösung des Konflikts nimmt monumentale Züge an: Der »Richter der Welt« wird angerufen: Ferdinand und Luise scheiden aus dem Leben. Der Bösewicht (Präsident von Walter) überantwortet sich dem Gericht mit den Worten: »Jetzt euer Gefangener!«, nachdem er seinen Sekretär Wurm enttarnt und verflucht hat.

Schauspieler Ochsenheimer, einer der berühmten Darsteller des »Wurm« in »Kabale und Liebe«. Kolorierte Radierung aus dem 19. Jahrhundert.

In einem Briefentwurf an Schiller sinnierte Hölderlin über die »tragische Schönheit« der »Räuber« und hob besonders die Idylle an der Donau »in der Mitte des Gedichts« hervor. Gemeint war die 2. Szene des dritten Akts: »Gegend an der Donau. Die Räuber, gelagert auf einer Anhöhe unter Bäumen, die Pferde weiden am Hügel hinunter.« Das friedliche Szenarium kontrastiert scharf mit dem Dasein und dem Ansinnen der Räuber, was in dem kurzen Gespräch zwischen den Räubern Schwarz, Grimm und Karl Moor anklingt:

SCHWARZ: Heitre dich auf! Sieh diese malerische Landschaft – den lieblichen Abend.
MOOR: Ja, Freunde, diese Welt ist so schön.
SCHWARZ: Nun! das war wohl gesprochen.
MOOR: Diese Erde so herrlich.
GRIMM: Recht – recht – so hör ich's gerne.
MOOR *zurückgesunken*: Und ich so häßlich auf dieser schönen Welt – und ich ein Ungeheuer auf dieser herrlichen Erde.
GRIMM: O weh! o weh!

Friede und Schmerz steigern sich im Verlauf des Dramas zu Raserei und Wut. Der Ausbruch heftigster Leidenschaften und die vehemente Entladung von Affekten sind ein wesentliches Kennzeichen der frühen Dramen Schillers. Als optische Verstärkung diente ihm die Kulisse: Der »Fiesko« beginnt mit dem »Tumult eines Balls« und mit Tanzmusik. Vor den Augen der Zuschauer wird ein verschwenderisches Szenarium entfaltet: Palast-Ambiente, Fest-Ambiente und stürmische Auftritte. Während im »Fiesko« theatralisch »heldische Größe« inszeniert wurde, schöpfte Schiller in »Kabale und Liebe« die Tiefen der Tragik aus. Ihm ging es darum, ein Höchstmaß an Mitleid zu erregen – übrigens nach der Empfehlung Lessings (Hamburgische Dramaturgie, 14. Stück): Eine gewaltige Steigerung des Mitleids wird erreicht, wenn sich die Gefühle der Akteure mit de-

Titel der Erstausgabe des »Fiesko«, erschienen in der Schwanischen Hofbuchhandlung in Mannheim.

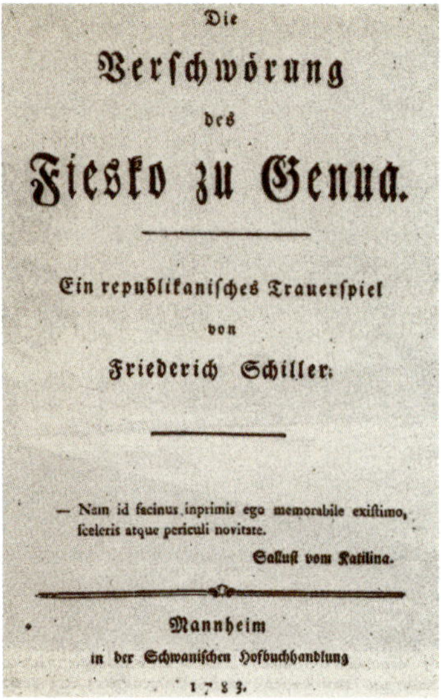
Die
Verschwörung
des
Fiesko zu Genua.
Ein republikanisches Trauerspiel
von
Friederich Schiller.
— Nam id facinus inprimis ego memorabile existimo, sceleris atque periculi novitate.
Sallust vom Katilina.
Mannheim
in der Schwanischen Hofbuchhandlung
1783.

nen des Publikums treffen. Lessings »Emilia Galotti« war Vorbild – und wurde übertroffen in Schillers Schilderung der verbrecherischen Gewalt des Adels, der dämonischen Tücke des Intriganten und der erschütterten Hilflosigkeit der Hauptgestalt. Einen Höhepunkt erfährt das Trauerspiel in der obszönen Rede des Präsidenten in Millers Stube, nachdem Ferdinand und Luise ihm ihre Liebe gestanden haben.

Schiller setzte Grausamkeiten und Affekte ein, um die Idee seines Dramas wie herausgemeißelt erscheinen zu lassen. Regisseure und Intendanten waren verzweifelt und versuchten, bestimmte Szenen abzumildern, um das Publikum nicht zu verstören. Schiller verhandelte hart und ließ sich nur selten umstimmen. Als Dalberg ihm riet, Amalia durch einen Freitod sterben oder sie doch zumindest von Karl erschießen zu lassen, antwortete Schiller:

»Dass E. E. die Amalia lieber erschießen als erstechen lassen wollen, gefällt mir ungemein und ich willige mit Vergnügen in diese Veränderung. Der Effekt muss erstaunlich sein und kömmt mir auch räubermäßiger vor.«

Das sind die unheimlichen Züge des jungen Schillers, von denen sich Goethe, bevor er den Freundschaftsbund mit Schiller schloss, entsetzt abgewendet hatte. Lange nach Schillers Tod erinnerte er sich und teilte Eckermann (18. Januar 1825) mit:

»Doch war es wunderlich, dass ihm noch von den Räubern her ein gewisser Sinn für das Grausame anklebte, der selbst in seiner schönsten Zeit ihn nie ganz verlassen wollte. So erinnere ich mich noch recht wohl, dass er im Egmont, in der Gefängnisszene, wo diesem das Urteil verlesen wird, den Alba in einer Maske und in einen Mantel gehüllt im Hintergrund erscheinen ließ, um sich an dem Effekt zu weiden, den das Todesurteil auf Egmont haben würde. Hierdurch sollte sich Alba als unersättlich in Rache und Schadenfreude darstellen. Ich protestierte jedoch, und die Figur blieb weg. Er war ein wunderlicher, großer Mensch.«

Dieses Urteil wird heute noch geteilt. Emil Staiger beschrieb die Wirkung der Gestalten auf das Publikum, die Kaltblütigkeit und den Zynismus, mit dem Schiller die Abgründe menschlicher Gemeinheit schilderte. Ihm ging es um die Wirkung auf das Theaterpublikum, so dass ihm die schlimmsten Todesarten und grausamsten Martern gerade recht waren. Die Gemeinheiten Wurms aber übertreffen die finsterste Vorstellung. Staiger resümierte: »Bei ›Kabale und Liebe‹ vergeht uns der Spaß.«

»Weimarischer Rat«

Schillers Lage verdüsterte sich, da abzusehen war, dass Dalberg seinen Vertrag nicht verlängern würde. Alle Verbesserungsvorschläge für das Theaterleben blieben ohne Antwort oder wurden ausweichend beschieden. Möglich, dass Dalberg befürchten musste, sich an diesem Dichter politisch die Finger zu verbrennen. Möglich auch, dass er dem Drängen der Schauspieler nachgab, von Schiller trotz des Erfolges von »Kabale und Liebe« Abstand zu nehmen. Wie auch immer. Der Vertrag mit dem Nationaltheater lief Anfang September 1784 aus. Über eine Verlängerung fiel kein Wort.

Schiller verbrachte den Herbst in Mannheim und richtete sich auf den Winter ein. Und wieder drohte dem Dichter eine ungewisse Zukunft. Da erinnerte er sich Anfang Dezember an Briefe von unbekannten Freunden seiner Dichtkunst, die er Anfang Juni erhalten hatte. Es handelte sich um den Dresdener Oberkonsistorialrat Christian Gottfried Körner, seine Verlobte Minna Stock und ihre Schwester Dora Stock, sowie um deren gemeinsamen Freund Ludwig Ferdinand Huber. Artig schrieb Schiller nun zurück und entschuldigte sein langes Schweigen. Er war gerührt von der Begeisterung ferner Unbekannter und schrieb an Henriette von Wolzogen, »... dass vielleicht in hundert und mehr Jahren – wenn auch mein Staub schon lange verweht ist, man mein Andenken segnet und mir noch im Grab Tränen und Bewunderung zollt – dann meine Teuerste, freue ich mich meines Dichterberufes mit Gott und meinem oft harten Verhängnis.«

In diesen trüben Dezembertagen arbeitete er an seinem »Don Carlos«, zu dem er bereits in Bauerbach erste Skizzen entworfen hatte. Sein Plan, ein literarisches Journal herauszugeben, nahm in der »Rheinischen Thalia« konkrete Züge an. Doch er fand keinen Verleger und überlegte, ob sich die Zeitschrift über Subskribenten finanzieren würde. Dann brach wie ein Sturmwind die unvermittelt aufbrechende Leidenschaft zu einer verheirateten adligen Dame über ihn

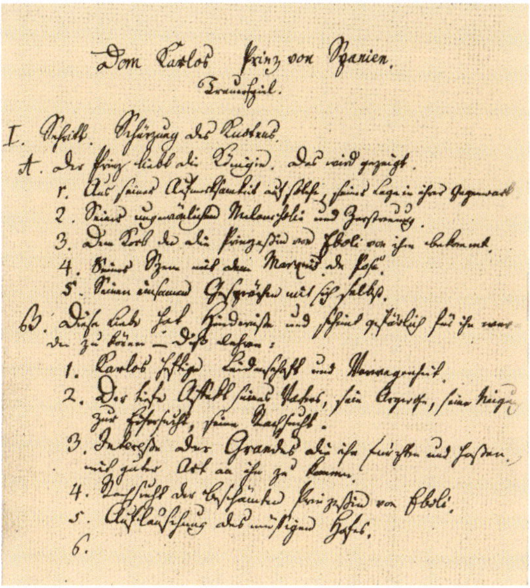

Dom Carlos Prinz von Spanien.
Trauerspiel.

Entwurf zum »Dom Karlos«, 1783 in Bauerbach verfasst.

herein: Charlotte von Kalb, geborene Freiin Marschalk von Ostheim, zog mit ihrem Mann, einem in Landau stationierten Offizier nach Mannheim. Sie fühlte sich allein, unverstanden und war hungrig auf Bildung. Schiller konnte ihr helfen. Während einer schwierigen und wohl von Komplikationen begleiteten Geburt stand ihr der Dichter, auf seine medizinischen Fähigkeiten zurückgreifend, liebevoll bei. Sie dankte es ihm mit einer Einladung an den kunstsinnigen Darmstädter Hof, der gerade hohen Besuch vom Herzog Karl August von Weimar erhalten hatte. Die Gesellschaft erbat sich einen Vortrag aus dem jüngsten Schaffen des Dichters. Am zweiten Weihnachtsfeiertag las Schiller den 1. Akt aus »Don Carlos« vor. Am nächsten Tag wurde dem Dichter folgendes Handschreiben überbracht:

Charlotte von Kalb, Ölgemälde von J. H. Schmidt, 1785.

Von Gottes Gnaden Wir
Karl August,
Herzog zu Sachsen, Jülich, Cleve und Berg,
auch Engern und Westphalen, Landgraf in
Thüringen, Marggraf zu Meißen, gefürste-
ter Graf zu Henneberg, Graf zu der Mark
und Ravensberg, Herr zu
Ravenstein etc.
Urkunden hiermit: Demnach Wir dem
Doctori Medicinae Friedrich Schiller

Am 14. Januar 1784 erhielt Friedrich Schiller den Titel eines Fürstlichen Rats durch Herzog Karl August von Sachsen Weimar.

»Mit vielem Vergnügen, lieber Herr Doktor Schiller, erteile ich Ihnen den Charakter als Rat in meinen Diensten. Ich wünsche Ihnen damit ein Zeichen meiner Achtung geben zu können.«

Nun durfte Schiller, der niemals als Fürstendiener gelten wollte, sich »Weimarischer Rat« nennen. War das ein Widerspruch für ihn? Den Titel, lässt uns Streicher wissen, empfand er nach den herben Enttäuschungen in Mannheim wie einen »Talisman«.

Die Affäre mit Charlotte von Kalb äußerte sich in feurigen Gedichten, die weit über die artistische Potenz der Laura-Oden hinausgingen.

An eine engere Bindung an Charlotte war allerdings nicht zu denken. Sie hätte unweigerlich zum gesellschaftlichen Eklat geführt. Außerdem fühlte sich Schiller zunehmend befremdet von den Bindungs-Ambitionen der Freiin. So heftig die Leidenschaft für die junge Frau entbrannt war, so rasch kühlte sie wieder ab. Leider bleibt das »Mannheimer Verhältnis« im Dunkeln, da Charlotte später sämtliche an sie gerichtete Briefe Schillers verbrannte.

Während seiner Kalb-Affäre nahm eine für Schiller unerwartete und nicht wünschenswerte Konstellation ihren Lauf. Der Bibliothekar Reinwald, von den warmherzigen Berichten Schillers über seine Familie beeindruckt, entschloss sich, die Familie des Dichters auf der Solitude bei Stuttgart aufzusuchen. Das Hauptaugenmerk des »im Herbst seines Lebens« stehenden Mannes galt der noch unverheirateten Schwester Christophine, immerhin schon 27 Jahre alt und damals eine »alte Jungfer«. Schillers Vater war erfreut, seine Tochter nun doch noch »an den Mann zu bringen« und förderte die Heiratspläne des Bibliothekars. Nicht so Schiller, der, als er von der sich anbahnenden Verbindung erfuhr, den Alters- und Temperamentsunterschied des Paares geltend machte. Als Bibliothekar und anregenden Gesprächspartner schätzte er Reinwald, nicht jedoch als Liebhaber und künftigen Ehemann seiner Schwester. Es kam zu Verstimmungen, in die auch der Vater mit einbezogen wurde. Schließlich verlobte sich das Paar im Herbst 1785 und heiratete im Juni des Folgejahres.

Resignation
Auch ich war in Arkadien geboren,
Auch mir hat die Natur
An meiner Wiege Freude zugeschworen,
Auch ich war in Arkadien geboren,
Doch Tränen gab der kurze Lenz mir nur.

Des Lebens Mai blüht einmal und nicht wieder,
Mir hat er abgeblüht.
Der stille Gott – o weinet, meine Brüder –
Der stille Gott taucht meine Fackel nieder,
Und die Erscheinung flieht.

Schillers Mannheimer Zeit neigte sich dem Ende zu. In der Stadt hielt ihn nichts mehr. Sie lastete auf ihm. Die Arbeit am »Don Carlos« stockte. Er schrieb an die Leipziger Freunde und teilte ihnen scheu mit, wie sein »Finanzsystem« gestaltet sei. Für die Zukunft äußerte er sich aber sehr optimistisch, da er größere Einnahmen aus dem Verkauf der »Rheinischen Thalia« erwartete. Feinfühlig und großzügig boten die unbekannten Freunde finanzielle Unterstützung an. Glücklich brach es aus Schiller heraus:

»Leipzig erscheint meinen Träumen und Ahndungen wie der rosigste Morgen jenseits den waldigten Hügeln. In meinem Leben erinnere ich mich keiner so innigen prophetischen Gewissheit, wie diese ist, dass ich in Leipzig glücklich sein werde.«

Am frühen Morgen des 9. April 1785 nahm Schiller Abschied von seinem treuen Freund Andreas Streicher. Er sollte ihn nie wieder sehen. Zu dieser Stunde verabschiedete er sich auch von seiner Jugend. Durch »Morast, Schnee und Gewässer« machte er sich auf den Weg nach Leipzig. »Don Carlos« begleitete ihn – aus den Entwürfen und Skizzen formte er das erste Werk seiner Reifezeit.

1786: Tod Friedrichs II., König von Preußen. Sein Nachfolger wird Friedrich Wilhelm II. (gest. 1797). Gründung der Berliner Hofbühne. Goethes Italienische Reise (bis 1788). Uraufführung von Mozarts »Figaros Hochzeit« in Wien. 1787: Carl Eugen, Herzog von Württemberg, »vermietet« seine Soldaten (Kap-Regiment) an die Holländische-Ostindische-Kompanie. Katharina II., Zarin von Russland, zieht gegen die Türkei in den Krieg (bis 1792). Tischbeins Gemälde »Goethe in der Campagna« entsteht (Frankfurt a.M./Städel)

Gohlis, ein ländlicher Ort

Am Abend des 17. April 1785 traf Schiller nach einer mühsamen Reise in Leipzig ein. Er stieg im Gasthof »Blauer Engel« ab und wurde bald darauf von Ludwig Ferdinand Huber begrüßt. Der andere Freund, Christian Gottfried Körner, weilte noch in Dresden. Auch er sollte bald eintreffen. Huber besorgte Schiller eine bescheidene Studentenwohnung in der Hainstraße. Zusammen besuchten sie häufig Richters Kaffeehaus am Markt, das seine gemütlichen Räume im zweiten Stock eines prächtigen Barockpalais eingerichtet hatte.

Schiller wartete auf Körner, der sein Ausbleiben in langen Briefen entschuldigte, in denen er viel über sich, seine Leidenschaften und Kunstbegeisterung berichtete. Für ihn war die Gesellschaft des Dichters eine entscheidende Steigerung des Lebensgefühls: »Ruhig zu sein, am Ziele seiner Wünsche, Schiller neben sich – wer weiß, was dies alles noch aus mir machen kann!«

Kaffeehausleben

Ende des 17. Jahrhunderts entwickelte sich in Leipzig das künstlerische Kaffeehausleben. Nach der vergeblichen Belagerung Wiens durch die Türken erbeuteten die Sieger Säcke voller Kaffee. So konnte sich der »Kaffee-Genuss« rasch in Europa ausbreiten. Bei Dichtern, Musikern und Malern waren besonders der Arabische Coffeebaum sowie das Zimmersche und das hier abgebildete Richtersche Kaffeehaus beliebt. Im 17. und 18. Jahrhundert verkehrten hier unter anderem Gellert und Lessing, sowie Gottsched und Schiller, der enthusiastisch nach Mannheim schrieb, dass sich bei Richter »die Halbe Welt Leipzigs« traf.

Schillers erste Leipziger Wohnung in der Hainstraße im »Kleinen Joachimstal«. Farblithografie von 1859 zur Hundertjahresfeier.

Begeistert antwortete Schiller mit einem Gedanken, den er bald in seinem Lied »An die Freude« entfalten sollte: »Wem der große Wurf gelungen, eines Freundes Freund zu sein.« Und einige Zeilen später: »Glückzu also, glückzu dem lieben Wanderer, der mich auf meiner romantischen Reise zur Wahrheit, zum Ruhme, zur Glückseligkeit so brüderlich und treu begleiten will.«

Nachdem Schiller Anfang Mai vor die Tore der Stadt nach Gohlis gezogen war, einem ländlichen Ort mit einem intimen idyllischen Park, lernte er Anfang Juli endlich Körner persönlich kennen. Sie trafen sich auf dem Gut Kahnsdorf bei Borna, einem Ort zwischen Dresden und Leipzig. Huber und Göschen sowie die Schwestern Stock waren ebenfalls anwesend. Schiller fasste sich ein Herz und berichtete Körner von seinen finanziellen Nöten. Da der Mannheimer Verleger Schwan ohne das Wissen des Autors den »Fiesko« neu und ohne Honorarzahlung aufgelegt und überdies die von Schiller geforderten Belegexemplare berechnet hatte, beendete er das Geschäftsverhältnis mit Schwan und bat statt

Tor zum Schillerhaus in Gohlis vor den Toren der Stadt Leipzig.

Das Schillerhaus in Leipzig-Gohlis. Farblithografie um 1850

dessen Göschen, »Die Räuber« mit einem einaktigen Nachtrag »Räuber Moors letztes Schicksal« und den »Fiesko« neu aufzulegen. Körner, der am Göschen-Verlag beteiligt war, vermittelte, und so kam das Geschäft zu Stande. Überdies bot er seinem Freund an, ihn ein Jahr lang mit Geld zu versorgen, das er schlimmstenfalls später zurückzahlen müsste. Taktvoll schrieb er an Schiller:

»Ich weiß, dass Du imstande bist, sobald du nach Brot arbeiten willst, Dir alle Bedürfnisse zu verschaffen. Aber ein Jahr wenigstens lass mir die Freude, dich aus der Notwendigkeit des Brotverdienens zu setzen.«

Christian Gottfried Körner. Pastell von Dora Stock. Die Künstlerin malte das Bild im Jahr 1792 für Schiller.

Schiller war der drückenden Geldsorgen enthoben. Mittlerweile hatte Körner seine Verlobte Minna Stock in Leipzig geheiratet. Schiller begleitete das Paar nach Dresden, doch auf halbem Wege machte er sich schweren Herzens auf den Weg zurück nach Gohlis. Wie gern wäre er zusammen mit den Freunden nach Dresden gereist. Wenige Tage später schrieb er an das frisch vermählte Ehepaar: »Ich muss zu Euch – und auch meine Geschäfte fordern Ruhe, Muße und Laune. In eurem Zirkel allein kann ich sie wiederfinden.«

Georg Joachim Göschen, Lithografie.

Die Freunde waren von dieser Botschaft erfreut und luden den Dichter ein. Sogleich machte er sich auf dem Weg. Gegen Mitternacht des 6. Septembers traf er in der Elbmetropole ein und fand ein Quartier im »Goldenen Engel«. Am nächsten Tag konnte er seine

Wohnung in Körners »Haus am Weinberg« im nahen Loschwitz beziehen.

In der Elbmetropole

Das »Elbflorenz« mit seinen Kunstschätzen, höfischen Festen und der vom Elbufer aus zu betrachtenden Vedute berührte Schiller kaum. Dagegen begeisterte er sich für das Elbtal und verglich es mit dem heimatlichen Neckartal: »Meißen, Dresden und seine Gegenden gleichen ganz in die Familie meiner vaterländischen Fluren.«

Die prächtige Stadt ließ ihn nicht nur kalt, sondern erfüllte ihn mit einer gewissen Abneigung, zumindest, was ihre Bewohner betraf. Schroff notierte er: »… die Dresdner sind vollends ein seichtes, zusammengeschrumpftes, unleidliches Volk, bei dem es einem nie wohl wird.«

Die Körners und die Arbeit am »Don Carlos« waren ihm wichtig. In den Herbstwochen 1785 entstand im »Weinberghäuschen« der 2. Akt. Er feilte an den Eboli-Szenen und versuchte, die Gestalt des Marquis Posa stärker zu akzentuieren, um sie als dominante Person des Dramas herauszustellen.

In diesen fröhlichen und sorgenfreien Tagen bei den Freunden raffte sich Schiller auf, eines seiner großen Gedichte niederzuschreiben, »An die Freude«. Es war Ausdruck seines warmherzigsten Gefühls gegenüber seiner neuen Gesellschaft. Hier, inmitten seiner liebsten Menschen empfand er wahrscheinlich erstmals Lebensfreude.

Schiller bezog zusammen mit Huber eine kleine Wohnung in der Nähe der Körners im Haus des Hofgärtners Fleischmann. Der zwanglose Junggesellenhaushalt wurde regelmäßig von Minna Körner

Abschrift des Gedichts »An die Freude«, 1785 von Schillers Diener Georg Friedrich Rudolph.

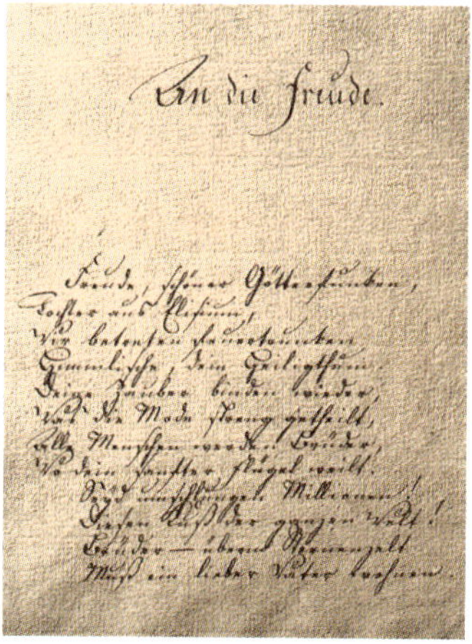
An die Freude.

An die Freude

Freude schöner Götterfunken,
Tochter aus Elisium,
Wir betreten feuertrunken,
Himmlische, dein Heiligtum.
Deine Zauber binden wieder,
was der Mode Schwerd getheilt;
Bettler werden Fürstenbrüder,
wo dein sanfter Flügel weilt.

Chor
Seid umschlungen Millionen!
Diesen Kuß der ganzen Welt!
Brüder – überm Sternenzelt
muss ein lieber Vater wohnen.

Dresden
Etwas mehr als ein Vierteljahrhundert vor Schillers Ankunft in Dresden malte der venezianische Künstler Bernardo Bellotto, genannt Canaletto, im Jahre 1748 die berühmte Vedute der Stadt. Es war die Barock-Stadt Augusts des Starken, der 1694 an die Regierung kam. Im Hintergrund ragt die von Georg Bähr erbaute Frauenkirche (1722–38) auf. Davor spiegeln sich die mächtigen Pfeiler der Augustusbrücke und rechts davon die katholische Hofkirche. Während des »augustäischen Zeitalters« (Regierungszeit Augusts des Starken, 1694–1733, und seines Sohnes August II., 1733–1763) blühte die Stadt kulturell auf. Sie verfiel mit dem Beginn des 7-jährigen Krieges, als die Stadt von den Preußen gestürmt wurde. Goethe beklagte noch den »zerstörten und verödeten Zustand«, doch Schiller fand eine Metropole mit etwa 60.000 Einwohnern vor, die sich eines rasanten Wiederaufbaus erfreute.

»kontrolliert«. Gegen Ende des Jahres erhielt Göschen für das Journal »Thalia« das Lied »An die Freude« und erste Szenen aus dem »Don Carlos« sowie die Erzählung »Verbrecher aus Infamie«, die später unter dem Titel »Der Verbrecher aus verlorener Ehre« veröffentlicht wurde.

Die Beschäftigung mit dem Don-Carlos-Stoff motivierte Schiller zum intensiven historischen Studium. Im April 1786 schrieb er an Körner:

»Täglich wird mir die Geschichte teurer. Ich habe

Die Denkmäler von Goethe und Schiller (rechts) flankieren den Eingang zur Semperoper in Dresden.

diese Woche eine Geschichte des Dreißigjährigen Krieges gelesen, und mein Kopf ist mir noch ganz warm davon. Dass doch die Epoche des höchsten Nationalelends auch zugleich die glänzendste Epoche menschlicher Kraft ist! Wie viele große Männer gingen aus dieser Nacht hervor! Ich wollte, dass ich zehn Jahre hintereinander nichts als Geschichte studiert hätte.

Der Verbrecher aus verlorener Ehre
Erzählung. Anonym erschienen im 2. Heft »Thalia«, hrsg. von J.G. Göschen, Leipzig 1786 unter dem Titel »Verbrecher aus Infamie«. Die stilistisch überarbeitete Fassung »Der Verbrecher aus verlorener Ehre« erschien 1792 in dem Band »Kleinere prosaische Schriften von Schiller. Aus mehreren Zeitschriften vom Verfasser selbst gesammelt und verbessert. Erster Theil. Leipzig 1792 bey Siegfried Leberecht Crusius.«

Inhalt
Die Quelle dieser »wahren Geschichte« ist wahrscheinlich bei Schillers Lehrer Friedrich Abel in dessen »Sammlung und Erklärung merkwürdiger Erscheinungen aus dem menschlichen Leben«, Band 2, 1787 zu finden. Obwohl die Sammlung erst ein Jahr später als Schillers Erzählung erschien, ist anzunehmen, dass Abel dem jungen Schiller den Stoff erzählt hat. Abels Vater hatte Friedrich Schwan (1729–60), den »Sonnenwirt« festgenommen. Schiller gab seinem Helden den Namen Christian Wolf, der als Sohn eines Gastwirts aufgewachsen und nach verbrecherischen Umtrieben unter die Räuber geraten war. Sie wählten ihn zum Hauptmann und führten unter seiner Leitung Raubzüge aus. Zur Besinnung gekommen und davon überzeugt, fortan ein anständiges Leben zu führen, setzte er sich von der Bande ab, um als Soldat in preußische Dienste zu gehen. An der Grenze fasste man ihn und warf ihn ins Gefängnis. Nach einem freiwilligen Geständnis wurde er verurteilt und hingerichtet.

Bedeutung
Der erste Satz ruft nicht nur Erinnerungen an die »Räuber« hervor, sondern umschreibt das Programm des »Seelen-Spähers« Schiller:
»In der ganzen Geschichte des Menschen ist kein Kapitel unterrichtender für Herz und Geist als die Annalen seiner Verirrungen.« Im Gegensatz zu den »Räubern« stellt Schiller keine monströse Figur dar, die sich ihrer verbrecherischen Taten rühmt, sondern den Verfallsprozess eines Menschen, der auf die schiefe Bahn geraten ist. Seine Größe, besser noch, seine sittliche Würde erfährt der Leser in der Flucht vor der Bande und im freiwilligen Geständnis. Das ist auch gleichzeitig die Freiheit, die er sich als Mensch zurückerobert hat.

Ich glaube, ich würde ein ganz anderer Kerl sein. Glaubst Du, dass ich es noch werde nachholen können?«

Schiller spezialisierte sich auf die hundert Jahre von 1550 bis 1650, auf die Zeit des niederländischen Befreiungskampfes gegen die Spanier und auf den Dreißigjährigen Krieg. Das waren die Epochen des »Don Carlos«, der »Maria Stuart« und des »Wallenstein«. Mit dieser entschiedenen Hinwendung zur Geschichte und der Absicht, das Studium ernsthaft zu betreiben, um die großen Wissenslücken zu schließen, dürfte ein neuer Lebensabschnitt bezüglich seines dramatischen Schaffens begonnen haben. Gegenüber dem hochgebildeten Körner kam Schiller sein mangelhaftes philosophisches und historisches Wissen schmerzhaft zu Bewusstsein. Die daraus erforderliche Neuorientierung, Schiller nannte sie eine »Revolution«, war begleitet von Niedergeschlagenheit und Melancholie. An Huber schrieb er die aufschlussreichen Zeilen:

»Mein Herz ist zusammengezogen, und die Lichter meiner Phantasie sind ausgelöscht. Sonderbar, fast jedes Erwachen und jedes Niederlegen nähert mich einer Revolution, einem Entschlusse um einen Schritt mehr, den ich beinahe als ausgemacht vorher sehe. Ich bedarf einer Krisis. Die Natur bereitet eine Zerstörung, um neu zu gebären.«

Bildnis von Ludwig Ferdinand Huber, einem der »Leipziger Freunde«. Lichtdruck nach einer Zeichnung von Dora Stock, mit der er kurzzeitig verlobt war.

Die Revolution sollte andauern. Irritationen verursachte auch die Verbindung seiner Schwester Christophine mit Reinwald, die er anfangs nicht billigte. Er bat sogar seine Schwester, dem Freund aus Meiningen die Briefe zu zeigen, in denen er seine Missgunst gegenüber einer Heirat zum Ausdruck gebracht hatte. Im Juni sollte die Vermählung in Gerlingen bei Stuttgart stattfinden. Schiller zeigte sich versöhnlich: »Sapperment, und sind wir nicht oder werden wir nicht Schwäger? Also.«

In Meinigen lebte Schillers Schwester Christophine, die mit dem Bibliothekar Wilhelm Reinwald verheiratet war, Kupferstich.

Dann kündigte sich unvermittelt der Mannheimer Buchhändler Schwan mit seinen Töchtern an – ein zweifelhafter Besuch. Schiller mochte mit Ärger an den eigenmächtigen und nicht entlohnten Neudruck des »Fiesko« zurückgedacht haben. Ob die schroff zurückgewiesene Werbung um die Hand Margaretes, einer der Töchter Schwans, noch an ihm nagte? Kaum. Er ritt der Familie sogar bis nach Meißen entgegen. Luise Schwan, die jüngere Tochter erinnerte sich:

»Man hatte es Schillern aus von Leipzig geschrieben, dass wir nach Dresden kommen würden, und als wir in Meißen am Posthause anfuhren, wer stand unter dem Torweg? Schiller in einem mausfarbenen Rock mit Stahlknöpfen.«

Damals erreichten den Dichter erste Anfragen von der Hamburger Bühne. Der Theaterdirektor Friedrich Ludwig Schröder beabsichtigte, Schiller ein Angebot zu unterbreiten. Der Dichter, glücklich über ein festes Engagement, bot dem Direktor seinen »Don Carlos« und weitere Dramen an. Die Antwort kam prompt: Schiller sollte nach Hamburg reisen, um über die Bedingungen einer Anstellung zu sprechen, doch Schiller zögerte eine Zusage hinaus. Schröder blieb im Ungewissen.

Don Carlos, Infant von Spanien. Ein dramatisches Gedicht, Göschen Leipzig 1787.
Die ersten Szenen wurden bereits in der »Rheinischen Thalia«, dem ersten und einzigen Heft 1785 veröffentlicht. Weitere Szenen erschienen in Göschens »Thalia« 1786 und 1787. Uraufführung am 29. August 1787 in Hamburg in einer von Schiller bearbeiteten Theaterfassung.

Der geschichtliche Stoff
Don Carlos, eine in ihrem Charakter kaum greifbare Persönlichkeit – war er kunstsinnig oder pathologisch? – wurde im Jahre 1568 durch den König Philipp II. von Spanien verhaftet und später hingerichtet. Andere Quellen berichten, dass er im Gefängnis gestorben sei. Die Zuneigung des Don Carlos zur Königin ist fraglich. Der historisch greifbare Posa spielte am Hof eine nur untergeordnete Rolle.

Die Phasen der dramatischen Bearbeitung
1782/83, Bauerbach: Für Schiller war Carlos ein Held des Sturm und Drang. Mit ihm identifizierte er sich. Mit seiner leidenschaftlichen Liebe zur Königin klagte er die gesellschaftlichen Zwänge und die höfische Etikette an. Er ließ vier Personen auftreten: Carlos, die Königin, Philipp und Alba.

1784, Mannheim: Ausarbeitung der Prinzessin von Eboli – unter dem Eindruck der Charlotte von Kalb – und des Marquis Posa. Bedeutung der familiären Aspekte und des Generationenkonflikts. Die Idee der politischen Freiheitsmission wird betont.

1785, Gohlis bei Leipzig und Dresden: Posa gewinnt an Gewicht. Er wird als Erzieher und Freund vorgestellt. Sein Tod ist Höhepunkt des Dramas. Die Gestalt Philipps wird herausgemeißelt und gewichtet. Die Gegensätze Posa–Philipp konzentrieren sich auf die Themen »Menschentum und Tyrannentum«. Im Gegensatz zum Räuber Karl Moor verkörpert Posa die Freiheitsidee auf der Grundlage des Gesetzes.

Inhalt
Don Carlos, Infant von Spanien, leidet unter »feierlichem Kummer« und vertraut sich seinem Jugendfreund, dem Marquis Posa an. Er liebt seine Stiefmutter, die Königin Elisabeth, die er ursprünglich heiraten sollte. Während eines Treffens gesteht Carlos der Königin seine Zuneigung. Sie aber weist ihn ab und belehrt ihn, dass seine »zweite Liebe Spanien sei«.

Der König, dem das merkwürdige Verhalten seines Sohnes nicht entgangen ist und der ahnt, dass dieser Sympathien für den Freiheitsdrang der Niederländer hegt, weist dessen Begehren zurück, ein Heer nach Flandern zu führen, um den Aufruhr zu unterbinden. Statt dessen

Das politische Drama

Verglichen mit dem »Fiesko« darf man »Don Carlos« als politisches Drama bezeichnen. In den Gestalten des Inquisitionskardinals und seines Opponenten Marquis Posa entfaltet sich der Gegensatz von Gegenreformation und Reformation. Im Monarchen Philipp wird der Absolutismus, in seinem Sohn Carlos die bürgerlich-ständische Ordnung thematisiert. Eingebunden ist das Drama in den Geschichtskreis der spanischen Besetzung der Niederlande und deren Ruf nach Freiheit. Aus diesen Gegensätzen leitete Schiller seine eigenen Vorstellungen einer erwünschten Staatsverfassung ab. Der geschichtliche Sinn des Dramas reicht in die Gegenwart Schillers. Mit anderen Worten: Schiller stellte den dichterischen Stil in den Dienst der Aktualisierung der Historie.

plant er, Herzog Alba das Kommando zu übertragen.

Die Krise am Hof beginnt mit der Intrige der Prinzessin von Eboli, die heimlich Carlos liebt und ihn zusammen mit der Königin beim König in Misskredit bringt.

Marquis Posa durchschaut die für Carlos gefährlich gewordene Hofintrige. Als Vertrauter des Königs gibt er vor, das Herz der Königin zu erforschen. Heimlich aber bereitet er die Entsendung Carlos' nach Flandern vor, der dort eine Rebellion anzetteln soll, um den spanischen König zu zwingen, die Provinzen gütiger zu regieren. Um sicher sein zu können, den Freund Carlos nach Flandern zu bringen, bittet er um einen Verhaftungsbefehl des Königs. Carlos wird misstrauisch und vertraut sich, von Graf Lerma gewarnt, der Eboli an, wo ihn Posa überrascht und ihn gefangen nimmt. In einer auswegIosen Situation und wohl wissend, dass sein Plan vor dem König aufgedeckt wird, beschließt Prosa, sich zu opfern. Er gibt vor, die Königin zu lieben, wird als Hochverräter verhaftet und erschossen. Vorher aber übergibt er der Königin ein Dokument für Carlos, in dem er den wahren Sachverhalt und »das kühne Traumbild eines neuen Staates« schildert. Posas Pläne, den Aufstand und Abfall der Niederlande mit Hilfe des Thronfolgers Don Carlos zu organisieren, geraten über den Herzog Alba in die Hände des Königs, der sich dem Kardinal-Großinquisitor anvertraut. Als Carlos vor der Königin nächtens verkleidet im Mönchsgewand erscheint, um heimlich die Botschaft Posas aus ihren Händen zu empfangen, tritt unvermittelt der König mit dem Großinquisitor zwischen sie. Der König liefert seinen Sohn der Inquisition aus: »Kardinal! Ich habe das Meinige getan. Tun Sie das Ihrige.«

Närrisch-verliebt

Der Herbst des Jahres 1786 verlief trostlos. Körner reiste nach Leipzig und ließ die Freunde zurück. Während der letzten Dezembertage arbeitete Schiller lustlos am »Don Carlos«. Die letzten Szenen des Marquis Posa mit der Königin vollendete er am 29. Dezember. Zu Beginn des neuen Jahres kehrten die Körners aus Leipzig zurück und veranstalteten bald darauf einen Maskenball, auf dem Schiller die 19-jährige Henriette von Arnim kennenlernte. Er stand in Flammen und wich an diesem Abend nicht mehr von ihrer Seite. An den folgenden Abenden besuchte er sie regelmäßig. Wenn man Minna Körner Glauben schenken darf, legte er ihr kostbare Geschenke zu Füßen, wofür er sich in tiefe Schulden stürzte. Die Hinweise seiner Freunde, dass die kokette Person auch einem Grafen Waldstein-Dux zugetan war, schlug Schiller in den Wind. Er war närrisch-verliebt, rührte die Feder nicht mehr an und überlegte, ob er sich nicht von seinen Freunden trennen sollte.

Glücklicherweise besann er sich anders und beendete bald das Verhältnis mit Henriette. Nun konnte er sich wieder auf seine Arbeit konzentrieren und brachte

Körners Weinberghäuschen in Loschwitz bei Dresden. Stich aus dem 19. Jahrhundert.

Das Denkmal gegenüber dem Gartenhaus von Körner in Loschwitz bei Dresden. Links Körner mit Schiller und Körners Tochter. Rechts Huber mit Dora und Minna Stock.

den »Don Carlos« endgültig zum Abschluss. Ende Juni 1787 erschien die erste Buchausgabe: »Dom Karlos Infant von Spanien von Friedrich Schiller, in Leipzig, bei Georg Joachim Göschen 1787«. Schillers falsche Schreibweise des »Don« – er wählte das portugiesische »Dom« – wurde später korrigiert.

Schillers Entschluss stand nun fest. Er wollte Dresden verlassen, und nach Hamburg reisen. Er ließ sogleich den »Don Carlos« Schröder zukommen, der ihm Anfang Juli postwendend 21 Louisdor übersandte. Am 19. Juli unternahm Schiller mit den Körners und einer befreundeten Familie einen letzten Spaziergang im Wald bei Loschwitz. Dann trennten sich die Freunde. Sie verabredeten, sich wiederzusehen, wenn Schiller von seiner Reise nach Weimar und Hamburg wieder nach Dresden zurückkehren würde.

1788: Aufhebung der Leibeigenschaft in Dänemark. Karl IV. wird König von Spanien (gest. 1808). Geburt des englischen Dichters Lord Byron. Geburt von Joseph Freiherr von Eichendorff. Goethe bricht mit Frau von Stein und verbindet sich mit Christiane Vulpius. Adolf Freiherr von Knigge: »Über den Umgang mit Menschen«.

Bei Wieland und Herder

Mit der Frau des Dresdener Buchhändlers Schneider reiste Schiller am 20. Juli 1787 zunächst nach Leipzig und von dort einen Tag später nach Naumburg, wo ihn in einer Poststation die betrübliche Mitteilung erreichte, dass Herzog Karl August vor einer Stunde abgereist sei. Ihn, »seinen Herzog«, der ihm den Titel eines Rats verliehen hatte, hoffte er, dort zu treffen. Er setzte seine Reise fort und erreichte am Abend Weimar.

Das Städtchen war trostlos und verwaist. Die »Weimarischen Götter und Götzendiener«, wie Schiller Körner mitteilte, waren nicht anwesend. Goethe weilte in Italien, und der Herzog war auf dem Weg nach Potsdam. Erschrocken hielt Schiller vor dem Schloss inne, eine Brandruine. Das junge herzogliche Paar hatte eine Wohnung zusammen mit Hofbeamten und Bediensteten im »Fürstenhaus« bezogen. Die Herzogin-Witwe, Anna Amalia, die Mutter Karl Augusts, wohnte im Wittumspalais im Stadtzentrum.

Schillers erster Besuch galt seiner früheren, aber schon längst abgekühlten Leidenschaft Charlotte von Kalb.

»Unser erstes Wiedersehen hatte soviel Gepresstes, Betäubendes, dass mir's unmöglich fällt, es euch zu beschreiben. Charlotte ist sich ganz gleich geblieben ... eine große sonderbare weibliche Seele.«

Das Weimarer Wittumspalais der Herzogin Anna Amalia war ein Zentrum des geistigen und gesellschaftlichen Lebens der Stadt zur Zeit von Goethe und Schiller.

Herzog Karl August
Der 1757 geborene Karl August, Sohn der Herzogin Anna Amalia und des Herzogs Ernst August II. Constantin, verlor schon sehr früh seinen Vater. Die Herzogin übernahm die Regentschaft und übertrug sie dem 18-jährigen Karl August im Jahre 1775. Zuvor engagierte die Herzogin den berühmten Dichter Christoph Martin Wieland, der Karl August unterrichtete. Nach der Regierungsübernahme lud der junge Herzog Johann Wolfgang von Goethe als Berater in den Hofkreis ein. Mit Wieland und Goethe – später kamen noch Johann Gottfried Herder und ab 1787 Friedrich Schiller hinzu – begann die Blütezeit der später so genannten »Weimarer Klassik«. Im Jahre 1828 starb der Herzog im Alter von 71 Jahren.

Karl August Herzog von Sachsen-Weimar. Ölbild von Ferdinand Jagemann, 1805.

So steht es in einem Brief an Körner. Das Verhältnis, längst abgekühlt, gestaltet sich beiderseitig respektvoll. Für Schiller zählten die Dichter in Weimar mehr als eine verflossene Liebschaft. Wieland war der erste, den er besuchte. Der 54 Jahre alte Prinzenerzieher war bekannt geworden durch seine »modischen Romane« und besonders durch die Herausgabe des »Teutschen Merkur«, der bedeutendsten literarischen Zeitschrift in deutscher Sprache. Wieland empfing den jungen Dichter herzlich und reichte ihm die Hand mit einem »Wir sollen langsam anfangen ..., wir wollen uns Zeit nehmen, einander etwas zu werden«, wie Schiller an Körner schrieb. Und weiter:

»Ich fühlte, dass er sich bei mir gefiel und wusste, dass ich ihm nicht missfallen hatte. Sehr gerne hörte er sich sprechen, seine Unterhaltung ist weitläufig und manchmal fast bis zur Pedanterei vollständig, wie seine Schriften, sein Vortrag nicht fließend, aber seine Ausdrücke bestimmt. Er sagt übrigens viel Alltägliches; hätte mir nicht seine Person, die ich beobachtete, zu tun gegeben, ich hätte oft lange Weile fühlen können.«

Christoph Martin Wieland. Ölgemälde von J. Fr. A. Tischbein, 1795.

Einen Tag später wurde Schiller bei Johann Gottfried Herder vorstellig. Im Gegensatz zu Wieland hatte der 40-jährige Herder noch nichts von Schiller gehört. Er ging mit ihm um, so Schiller ironisch, »wie mit einem

Abendgesellschaft bei der Herzogin Anna Amalia in Weimar. Rechts ist Herder zu sehen. Die dritte Person von links (vorgebeugt und verdeckt) soll Goethe darstellen. In der Mitte die Herzogin. Aquarell von Georg Melchior Kraus, um 1795.

Menschen, von dem er nichts weiter weiß, als dass er für etwas gehalten wird.« Sie freundeten sich an, und Schiller konnte froh Körner melden, dass er ihm gefallen habe, »denn er äußerte mehrmals, dass ich ihn öfters wiedersehen möchte.«

Goethe blieb vorerst fern. Näher standen dem schwäbischen Dichter Herder und Wieland, mit denen

Anna-Amalia-Bibliothek
1766 ließ die Herzogin Anna Amalia im Grünen Schloss, einem Renaissancebau von 1565, die Herzogliche Bibliothek einrichten.
35 Jahre lang pflegte Goethe den Bestand, der sich aus Handschriften, Inkunabeln, Musikalien und historischen Landkarten zusammensetzte. Anhand der erhalten gebliebenen Ausleihlisten lässt sich rekonstruieren, was Goethe, Schiller und andere Dichter in Weimar gelesen haben. Daraus kann man den Einfluss der Lektüre auf ihr Werk ermessen.
Heute umfasst die Bibliothek nahezu eine Million Bücher. Im Gebäude ist die Zentralbibliothek der Deutschen Klassik untergebracht. Sammlungsschwerpunkt ist die deutsche Literatur zwischen 1750 und 1850. Zahlreiche Sondersammlungen ergänzen den Bestand.

Christoph Martin Wieland
Geboren im Jahre 1733 in Oberholzheim bei Biberach in Oberschwaben war Wieland ein Landsmann von Schiller. Nach seiner Studienzeit in Erfurt und Tübingen von 1749 bis 1759 verbrachte er einige Jahre als Hauslehrer in der Schweiz und kehrte 1760 nach Biberach zurück, wo er als Kanzleidirektor angestellt wurde. 1769 erhielt er einen Ruf als Professor der Philosophie nach Erfurt. Sein Staatsroman »Der goldene Spiegel« (1772) begeisterte die Herzogin Anna Amalia in Weimar. Sie stellte ihn als Erzieher ihrer beiden Söhne an. Wieland lebte mit seiner Familie auf dem Gut Oßmannstedt bei Weimar, wo er 1813 starb. Seine bedeutendsten Romane: »Die Abenteuer des Don Silvio von Rosalva« (1764), »Die Geschichte des Agathon« (1766/67), »Oberon« (1780).

Christoph Martin Wieland. Ölgemälde von J. Fr. A. Tischbein, 1795.

Johann Gottfried Herder
Herder, 1744 im ostpreußischen Städtchen Mohrungen geboren, studierte an der Universität Königsberg Medizin und Theologie sowie Philosophie, unter anderem bei Immanuel Kant. Im Jahre 1769 unternahm er eine Bildungsreise durch Europa. Als Prediger und Prinzenerzieher war er an kleineren norddeutschen Höfen wie Bückeburg und Eutin tätig. In Straßburg lernte er Goethe kennen, der ihn später als Superintendanten nach Weimar holte. In den Jahren von 1788 bis 1789 reiste er nach Italien. Er starb 1803 in Weimar. Zu seinem wichtigsten Frühwerk zählten die »Fragmente über die neuere deutsche Literatur« (1767/68) und die Sammlung programmatischer Schriften unter dem Titel »Von deutscher Art und Kunst« (1773). Ein frühes Standardwerk der deutschen Sprachphilosophie und -wissenschaft legte er 1770 unter dem Titel »Abhandlung über den Ursprung der Sprache«, vor. Als Schiller in Weimar eintraf arbeitete Herder gerade an seiner »Philosophie der Geschichte der Menschheit«.

Johann Gottfried Herder. Kopie nach dem Ölgemälde von Friedrich Rehberg, um 1784.

er sich häufig traf, entweder bei einem Spaziergang durch die Flussaue der Ilmenau oder im Gasthaus zum Abendessen. Durch die Vermittlung Charlotte von Kalbs wurde er zu einem Konzert und Souper bei der Herzoginmutter Anna Amalia auf Schloss Tiefurt, ihrem Sommersitz nördlich der Stadt eingeladen. Der Verkehr mit der Herzogin sagte ihm nicht zu. Ihr Geist sei »äußerst borniert« wusste er seinen Freunden zu berichten.

Die Weimarer Gesellschaft

Schon sehr bald stand fest, dass Schiller länger als vorgesehen in der kleinen übersichtlichen Residenzstadt an der Ilm bleiben wollte. Er sah einen Zeitraum von drei Monaten vor. Hamburg war in weite Ferne gerückt. Ende Juli bezog er die ehemalige Wohnung der Charlotte von Kalb und leistete sich einen Bediensteten. Die Weimarer Gesellschaft behagte ihm. Nach acht Wochen stellte er fest und berichtete es Körner nach Dresden, dass er sich »ganz leidlich« befinde. Er fragte nach niemandem, und niemand fragte nach ihm. Man lebte in »abgesonderten Schneckenhäusern«, die man nur verließ, um sich zu sonnen:

»In diesem Stücke ist Weimar das Paradies. Jeder kann nach seiner Weise privatisieren, ohne damit aufzufallen. Eine stille, kaum merkbare Regierung läßt einen so friedlich hinleben und das bisschen Luft und Sonne genießen. Will man sich anhängen, eindrängen, brillieren, so findet man allenfalls seine Menschen auch.«

Schiller wurde immer enger in den Weimarer Poetenkreis hineingezogen. Goethe, der bedeutendste von ihnen, fehlte allerdings noch immer. Seine Rückkehr aus Italien wurde sehnlichst erwartet. Am Abend des 28. Augusts besuchte Schiller Charlotte von Kalb. Zusammen begab man sich in Goethes Gartenhaus. Knebel lud zum Geburtstag des Dichters – wie konnte man auch trotz Abwesenheit des Jubilars diesen Tag vergessen ... Frohgemut schrieb Schiller an Körner:

»Wir fraßen herzhaft und Goethes Geburtstag wurde von mir in Rheinwein getrunken. Schwerlich vermutete er in Italien, dass er mich unter seinen Hausgästen habe, aber das Schicksal fügt die Dinge gar wunderbar.«

Herzensfreunde hatte Schiller in Weimar noch nicht gefunden. Verzweifelt schrieb er an Huber nach Dresden, dass er hier viele Bekannte habe, »aber keinen Freund den ich lieben könnte.« Herder war er sehr zugetan, doch dieser reagierte zurückhaltend. Dem »geschmeidigen Wieland« wollte er nicht näher treten, aber er legte großen Wert auf dessen literarisches Urteil. Die verschiedenen Clubs und Treffs suchte er gelegentlich auf, um sich mit einer Partie Whist die Zeit zu vertreiben. Er regte sogar an, einen »Freitagsclub für Ledige« zu gründen. Seine Tage füllte er mit Lesen und Schreiben aus, manchmal bis an die zehn Stunden täglich. Im Spätsommer widmete er sich erneut dem »Abfall der Niederlande«. Er nahm auch wieder Kontakt mit seiner alten Freundin Henriette von Wolzogen auf. Die Schulden an die großzügige Frau waren immer noch nicht getilgt. Untröstlich schrieb er an die Gönnerin:

Weimar. Im Landschaftsgarten an der Ilm steht Goethes Gartenhaus. Hier feierten Schiller und Goethe-Freunde den Geburtstag des in Italien weilenden Dichters am 28. August 1788.

»Glauben Sie mir, liebste Wolzogen (wir wollen ernstlich davon reden), glauben Sie mir, dass diese vielen Hindernisse, die sich seit drei bis vier Jahren mir in den Weg werfen, dass ich Sie nicht bezahlen kann, manche Stunde meines Lebens zu einer Marterstunde für mich machten.«

Er versprach, sie in allernächster Zeit im thüringischen Bauerbach aufzusuchen. Auf dem Wege wollte er die Reinwalds, also Schwager und Schwester, in Meiningen besuchen. Endlich, Ende November, raffte sich Schiller auf und machte sich auf den Weg. Fast auf den Tag genau waren es fünf Jahre her, dass er in Bauerbach seine Eremitage gefunden und eine glückliche Zeit verlebt hatte. Hier waren auch die ersten Skizzen zum »Don Carlos« entstanden, den er nun abends der Familie vorlas – der Sohn Wilhelm, die Tochter Charlotte und deren Verlobter von Lilienstern hatten Frau von Wolzogen begleitet.

1789: Beginn der Französischen Revolution. George Washington wird erster Präsident der USA. Jean Pauls Satire »Auswahl aus des Teufels Papieren«. Geburt von August von Goethe, dem vorehelichen Sohn von Goethe und Christiane Vulpius.

Charlotte von Lengefeld

Anfang Dezember schlug Wilhelm Wolzogen vor, seine Cousinen Charlotte von Lengefeld und Karoline von Beulwitz, geborene von Lengefeld in Rudolstadt zu besuchen. Hier also lernte Schiller an einem Winterabend seine künftige Frau Charlotte kennen, ohne freilich zu ahnen, dass er in nicht allzu ferner Zukunft um ihre Hand anhalten würde. Seine erster Eindruck fiel zustimmend aus, doch von Begeisterung war keine Spur. An Körner schrieb er über Rudolstadt:

»Eine Frau von Lengefeld lebt da mit einer verheirateten und einer noch ledigen Tochter. Beide Geschöpfe sind (ohne schön zu sein) anziehend und gefallen mir sehr.«

Das war's. Keine Erinnerung während der folgenden Tage an Rudolstadt, auch keine Äußerung eines Wunsches, die Familie von Lengefeld wiederzusehen. Schiller reiste am 7. Dezember nach Weimar zurück. Was war aus seinen Hamburg-Plänen geworden? Schon Ende August, einen Tag nach Goethes Geburtstag, fand die Uraufführung des »Don Carlos« in Hamburg statt. Doch zog es Schiller nicht in den Norden. Aber

Ansicht von Rudolstadt in Thüringen. Kupferstich aus dem 19. Jahrhundert.

auch Weimar konnte ihm zu diesem Zeitpunkt keine verheißungsvollen Perspektiven bieten. Er schloss sein Geschichtswerk über den Abfall der Niederlande ab und übersandte am 24. Januar 1788 zwölf Manuskript-Bögen mit dem endgültigen Titel »Geschichte des Abfalls der vereinigten Niederlande von der spanischen Regierung« an Göschen. Die Einleitung der Abhandlung erschien im Januar-Heft von Wielands »Teutschem Merkur«.

Geschichte des Abfalls
der
vereinigten Niederlande
von der
Spanischen Regierung.

Herausgegeben
von
Friedrich Schiller.

Erster Band.

Leipzig,
bey Siegfried Lebrecht Crusius.
1788.

»Geschichte des Abfalls der vereinigten Niederlande ...«, 1788. Titelblatt des ersten Bandes der Erstausgabe.

In diesen Tagen luden Freunde Schiller auf einen Maskenball ein, auf dem er Charlotte von Lengefeld wiedersah. Sie wollte bis April in Weimar bleiben, um – mit den unausgesprochenen Zielen einer Anstellung in Herrschaftsdiensten oder einer »günstigen Verbindung« – am gesellschaftlichen Leben der Stadt teilzunehmen. Sie wohnte zu dieser Zeit bei Luise von Imhoff, der Schwester Charlottes von Stein. Frau von Imhoff lud Schiller wenige Tage später zur Fastnacht ein. Schiller und Charlotte kamen sich näher. Es wechselten viele Brief »von Haus zu Haus«, in denen Schiller zaghaft seine Sympathie kundtat: »Eben zieht mich ein Schlitten ans Fenster, und wie ich hinaussehe, sind Sie's. Ich habe Sie gesehen, und das ist doch etwas für den Tag.«

Als Charlotte ihre Heimreise vorbereitete, sandte ihr Schiller einen Abschiedsgruß:

»Sie werden gehen, liebstes Fräulein, und ich fühle, dass Sie mir den besten Teil meiner jetzigen Freude mit sich hinwegnehmen.«

War es Freundschaft oder schon Verliebtheit? Der Briefwechsel zwischen Weimar und Rudolstadt nahm in den kommenden Tagen und Wochen an Intensität zu. Manchmal wechselten zwei Briefe täglich zwischen den beiden Städten. Karoline, die Schwester, wurde mit in die schriftliche Plauderei einbezogen. Ein gemeinsames Treffen in Rudolstadt wurde für den Mai geplant.

Charlotte von Lengefeld, die künftige Ehefrau von Friedrich Schiller. Ölgemälde von Ludovika Simanowitz, 1794.

Karoline von Lengefeld, Schwester von Charlotte. Sie war damals verheiratet mit Ludwig von Beulwitz und verliebt in ihren Vetter Wilhelm von Wolzogen, den sie später heiratete.

Schiller sollte im benachbarten Volkstädt beim Kantor Unbehaun wohnen. Am 18. Mai erreichte er Rudolstadt und stieg am späten Abend im »Gasthof zur Gabel« ab. Das Wiedersehen war herzlich und verheißungsvoll. Der Weg von Volkstädt nach Rudolstadt war kurz, etwa eine halbe Stunde. Hier fand Schiller Ruhe und fast täglich die erfreuliche Aussicht, der »herzensguten Familie« zu begegnen.

Er arbeitete viel in diesen Tagen, unter anderem, wenn auch ein wenig widerwillig, am »Geisterseher« und an verschiedenen Aufsätzen und Rezensionen. Er begann mit dem Schreiben der »Briefe über Don Carlos«, die im »Teutschen Merkur« erscheinen sollten. Mit ihnen reagierte er auf Kritiken, die er zum Anlass nahm, die Struktur des Dramas neu zu überdenken und abzuwandeln. Die Persönlichkeiten sollten mehr an Profil gewinnen. So galt es, den Kronprinzen Don Carlos aus seinem Liebesbezug zur Königin herauszulösen, um in ihm den Vertreter freiheitlicher Ideale deutlicher herauszustellen. Das persönliche Schicksal musste den Ideen nach Freiheit, Menschlichkeit und Gerechtigkeit untergeordnet werden.

In Volkstädt beschäftigte Schiller sich hauptsächlich mit den »Alten«, mit Homer, Sophokles, Euripides und Lukian. Hier entstand sein Gedicht »Die Götter Grie-

Charlotte und Karoline von Lengefeld

Die von Lengefelds zählten zu den hochadeligen Familien des kleinen Fürstentums Schwarzburg-Rudolstadt. Carl Christof von Lengefeld, Forstmann des Fürstentums, starb früh und ließ seine Frau Luise sowie die Schwestern Karoline und Charlotte zurück. Karoline, verliebt in ihren Vetter Wilhelm von Wolzogen, war mit Ludwig von Beulwitz verlobt, den sie – dafür sorgte die Mutter – heiraten musste. Das Leben mit dem ungeliebten Mann wurde durch sein häufiges und langes Ausbleiben erträglich. Die Ehe wurde schließlich 1794 geschieden, sodass endlich der Weg frei war für Wilhelm. Karoline war eine romantische Natur, unruhig und feurig, Charlotte das Gegenteil, zurückhaltend und verträumt. Der Mittelpunkt des Frauenhaushalts aber war »chère mère«, die Mutter Luise von Lengefeld. Charlotte zählte zum Zeitpunkt, als sie Schiller kennenlernte, 20 Jahre.

Schillers Wohnhaus in Volkstädt, Lithografie.

chenlands«, das ihm nicht nur Wohlwollen, sondern auch Kritik einbrachte. Nach dem Preisen einer glänzenden Götterwelt, die übrigens die Griechen selbst weniger glanzvoll beschrieben hatten, schwenkte er um in einen melancholischen Ton:

> Alle jene Blüten sind gefallen
> Von des Nordens schauerlichen Wehn,
> Einen zu bereichern unter allen,
> Musste diese Götterwelt vergehn.

Diese Wendung gegen das Christentum verstörte manche Freunde. Körner schrieb ihm aufgebracht aus Dresden: »Einige Ausfälle wünschte ich weg, die nur die plumpe Dogmatik, nicht das verfeinerte Christentum treffen.« Schiller, für Kritik immer aufgeschlossen, verteidigte sein Gedicht. Er dachte weniger an Dogmatik oder Ideologie als vielmehr an den Klang der Versmelodie und die Begeisterung für das Griechentum.

Goethes Rückkehr

In diesen Sommertagen – Schiller wird es gemeldet worden sein – kehrte Goethe aus Italien zurück. Charlotte, mit Frau von Stein befreundet, besuchte sie in

Charlotte von Stein, Hofdame der Herzogin Anna Amalia in Weimar: »Wohltäterin, Seelenführerin, Schutzgeist, Ancker zwischen diesen Klippen« – so charakterisierte Goethe seine platonische Liebe.

Kochberg, wo alsbald auch Goethe eintraf. Am 7. September 1788 machte sich eine kleine Gesellschaft, bestehend aus Goethe, Frau von Stein, ihrem Sohn Fritz und Karoline Herder auf den Weg nach Rudolstadt. Man traf sich im Lengefeldschen Garten. Schiller war anwesend. Neugierig beobachteten die Anwesenden das Begrüßungsritual der beiden Dichter. Es wurden Höflichkeiten ausgetauscht, mehr nicht. Karoline von Lengefeld erinnerte sich: »Höchst gespannt waren wir bei dieser Annäherung, die nicht erfolgte.«

Ob Frau von Stein das Zusammentreffen störte, da sie bereits bemerkt hatte, dass sich eine Kluft zwischen ihr und ihrem glühenden Verehrer nach dessen Italienreise aufgetan hatte? Für Goethes Empfinden waren die »Räuber« grobschlächtig und wild. Warum sollte er

Schillers erster Eindruck von Goethe
Brief an Körner, 12. September 1788

»Endlich kann ich Dir von Goethe erzählen, worauf Du, wie ich weiß, sehr begierig wartetest. Ich habe vergangenen Sonntag beinahe ganz in seiner Gesellschaft zugebracht ... Sein erster Anblick stimmte die hohe Meinung ziemlich tief herunter, die man mir von dieser anziehenden und schönen Figur beigebracht hatte. Er ist von mittlerer Größe, trägt sich steif und geht auch so; sein Gesicht ist verschlossen, aber sein Auge sehr ausdrucksvoll, lebhaft, und man hängt mit Vergnügen an seinem Blicke. Bei vielem Ernst hat seine Miene doch viel Wohlwollendes und Gutes. Er ist brünett und schien mir älter auszusehen, als er meiner Berechnung nach wirklich sein kann. Seine Stimme ist überaus angenehm, seine Erzählung fließend, geistvoll und belebt; man hört ihn mit überaus viel Vergnügen; und wenn er bei gutem Humor ist, welches diesmal so ziemlich der Fall war, spricht er gern und mit Interesse. Unsere Bekanntschaft war bald gemacht und ohne den mindesten Zwang; freilich war die Gesellschaft zu groß und alles auf seinen Umgang zu eifersüchtig, als daß ich viel allein mit ihm hätte sein oder etwas anderes als allgemeine Dinge mit ihm sprechen können. Er spricht gern und mit leidenschaftlichen Erinnerungen von Italien; aber was er mir davon erzählt hat, gab mir die treffendste und gegenwärtigste Vorstellung von diesem Lande und diesen Menschen ... Im Ganzen genommen ist meine in der Tat große Idee von ihm nach dieser persönlichen Bekanntschaft nicht vermindert worden, aber ich zweifle, ob wir einander je sehr nahe rücken werden.«

sich mit dem Dichter dieses Stücks einlassen, das ihm widerwärtig erschien, wohl wissend, dass gerade dieses Stück Deutschland im Sturm erobert hatte? Beim Abschied ergriff er das neueste Heft des »Teutschen Merkur«, in dem auch Schillers »Götter Griechenlands« abgedruckt waren. Vielleicht merkte er bei der Lektüre dieser Verse auf, musste er doch bemerkt haben, dass seine Auffassung vom Christentum mit der des schwäbischen Dichters unbedingt kompatibel war.

Obwohl Schiller am nächsten Tag Charlotte eine kurze Notiz zukommen ließ, in der er seine gute Verfassung nach einem gesunden Schlaf zum Ausdruck brachte und kein Wort über Goethe verlor, schrieb er einige Tage später ausführlich von seinem ersten Eindruck, den er von dem lang Erwarteten empfangen hatte.

Wie Recht sollte Schiller mit seinem Zweifel einer Annäherung behalten – für die folgenden sechs Jahre. Goethe war nicht vergessen, doch spielte er in den Kreisen Schillers vorerst keine bedeutende Rolle. Die Lengefelds standen ihm näher. Ob die »chère mère« das wachsende Interesse ihrer Tochter Karoline am jungen Dichter mit Argwohn verfolgte? Sie wusste um deren unglückliche Ehe, doch an Scheidung war natürlich nicht zu denken. Und Charlotte? Sie und Schiller pflegten eine herzliche, aber harmlose Freundschaft. Von Leidenschaft war nichts zu bemerken.

Als Schiller im November wieder zurück nach Weimar reiste, war ihm schmerzlich bewusst, dass es ihm fortan an der behaglichen Geselligkeit in Rudolstadt fehlen würde.

»Der Deutsche Merkur«, Band 1, 1773. Titelblatt der von Wieland herausgegebenen Zeitschrift.

Der
Deutsche Merkur.

Tu pias lætis animas reponis
Sedibus, virgaque levem coerces
Aurea turbam, superis Deorum
Gratus et imis.

Des ersten Bandes Erstes Stück.

Jenner 1773.

Weimar
Im Verlag der Gesellschaft.

Der Geisterseher, eine Geschichte aus den Memoiren des Grafen von O... Romanfragment. Zuerst in Fortsetzungen in der »Rheinischen Thalia« (1787–89) erschienen, dann in einer Buchausgabe bei Göschen in Leipzig 1789.

Quellen

Möglicherweise beschäftigte sich Schiller mit den Abenteuern des Grafen Cagliostro. Elisa von der Recke enthüllte die Machenschaften des italienischen Grafen in Nikolais Berlinischer Monatsschrift von 1786. Andere Quellen wären mit Laclos' »Liaisons dangereuses« und mit Diderots »Jaques le fataliste« anzugeben.

Inhalt

Auf seiner Rückreise nach Kurland trifft der Graf von O... in Venedig auf den mit ihm befreundeten deutschen Prinzen. Mit ihm zusammen lernt er einen Betrügerring kennen, der vorgibt, seltsame Phänomene aus der Welt der Geister erscheinen lassen zu können. Es gelingt den Freunden, die Geisterbeschwörer zu entlarven. In Gesellschaftskreisen der Lagunenstadt genießen sie das Leben. Der Prinz, streng religiös erzogen, gibt sich Ausschweifungen hin. Sein Charakter wandelt sich, und die Freundschaft zum Grafen erkaltet.

Im zweiten Teil des Romans berichtet der Baron von F..., ein Vertrauter des Prinzen, an seinen Freund den Grafen von O... vom verderblichen Niedergang des Prinzen. Der verliebte sich in ein katholisches Mädchen, verfiel der Spielleidenschaft und verlor das Vertrauen seines Hofes. Es stellt sich heraus, dass der Prinz Spielball einer höfisch-kirchlichen Intrige geworden ist, aus

»Laterna Magica« aus der Enzyklopädie von Georg Krünitz. Schiller schilderte im »Geisterseher« die gespenstische Wirkung dieser Apparatur. Kupferstich.

Schiller auf einem Esel, um 1787. Nach einer Tuschezeichnung von Reinhardt.

der er sich durch den Übertritt in die katholische Kirche retten kann.

Bedeutung
Im Mittelpunkt steht die Intrige, welcher der Prinz zum Opfer gefallen ist. Damit darf der Roman als »negatives Gegenstück zum Bildungsroman« (Storz) bezeichnet werden.

Die Zerstörung eines jungen Menschen durch den unheilvollen Einfluss geheimer Gesellschaften, insbesondere der Jesuiten, entwickelte Schiller zum Schicksalsdrama, in dem Individualität an Bedeutung verloren hat. Die Bereitschaft zum Aberglauben und die Furcht vor Geheimen Gesellschaften degradiert den Menschen zum Funktionsträger politisch-kirchlicher Institutionen. Die Präsenz des Okkulten in der höfischen Welt seiner Zeit erlaubte Schiller, die Beschreibung von Geistererscheinungen und ihre unmittelbar darauf einsetzende Entlarvung. Die Verwundbarkeit der Aufklärung wurde damit auf geniale Weise demonstriert.

Wirkung
Der Roman war ungewöhnlich erfolgreich. Schiller führte das auf die Sensationslust und weniger auf den guten Geschmack des Publikums zurück. Das bewies die rege Nachfrage der Thalia-Hefte. Möglicherweise hielt ihn das von der Bearbeitung einer Schlussversion ab. Jahre später, im Juli 1800, schrieb er an seinen Verleger Gottlieb Unger in Berlin: »Zur Vollendung des Geistersehers fehlt mir leider die Stimmung gänzlich, ich wollte eben so gut einen ganz neuen Roman schreiben, als diesen alten beendigen.«

In der Folgezeit wirkte der Roman besonders auf die deutsche Romantik, etwa auf den »William Lovell« von Ludwig Tieck oder auf die Erzählungen von E.T.A. Hoffmann.

Doch sollte man nicht so weit gehen, im »Geisterseher« eine Ouvertüre zur so genannten »Gespenster-Romantik« zu sehen.

In Weimar bedrängte ihn sogleich Wieland, sich für den »Teutschen Merkur« zu engagieren. Es war an Mitredigieren gedacht, er würde sogar einen großzügigen Vorschuss erhalten. »Das Feuer brennt Wieland auf den Nägeln«, meldete er nach Dresden. Offensichtlich war er willens, einen großen Teil seiner Arbeitszeit für den »Merkur« zu erübrigen. Er stürzte sich in die Arbeit. Euripides-Übersetzungen, die Fortsetzungen des ungeliebten »Geistersehers« und die »Briefe über Don Carlos« standen an.

Friedrich Schiller. Porträt von Gerhard von Kügelgen nach einer unbekannten Zeichnung, 1808/09.

Während dieser arbeitsreichen Tage erkundigte sich der Regierungsrat Christian Gottlob Voigt nach der Bereitschaft Schillers, in Jena eine Professur für Geschichte zu übernehmen. Obwohl diese unbesoldet sei, bestehe doch die Aussicht, bald einen Ruf mit Versorgung zu erhalten. Schiller stimmte zu, und Goethe verfasste in seiner Eigenschaft als Minister ein Gutachten, in dem er die Professur befürwortete. Die Berufung nahm ihren Lauf, und Schiller wurde mitgeteilt, dass er sich für Ostern 1789 bereithalten sollte, sein universitäres Amt anzutreten.

Nun wurde es ernst, und die Jahre der Unabhängigkeit drohten zu enden. Während einer Dankesvisite im Dezember bei Goethe musste Schiller zugeben, dass er für diese Aufgabe möglicherweise nicht qualifiziert sei. Sein Wissensfundament sei brüchig und ohne Konsistenz. Goethe winkte mit einem »docendo discitur« ab: Die Lehre seines Fachs würde ihm das Erlernen desselben erleichtern.

Schiller zögerte nicht nur, er hatte schlichtweg Angst vor seiner nahen Zukunft. An Karoline und Charlotte schrieb er am 23. Dezember nach Rudolstadt, dass er sich habe »... übertölpeln lassen, und jetzt, da es zu spät ist, möchte ich gerne zurücktreten ...«. Am meisten aber bedrückte ihn, dass er seinen Plan, den künftigen Sommer wieder in der Gesellschaft der Schwestern in Rudolstadt zu verbringen, aufgeben musste: »Und dies alles soll mir ein heilloser Katheder ersetzen!«

Schiller bereitete sich auf seine Professur vor und brachte seine Vorlesungen zur Anzeige. Mitte März machte er sich auf den Weg nach Jena. Er nutzte die Gelegenheit zu einem Besuch bei den Lengefelds in Rudolstadt. Am Tag darauf, dem 14. März, traf er in Jena ein und begab sich auf Wohnungssuche. Er wurde bei den Schwestern Schramm in der Jenergasse 26 fündig.

Nach seiner Rückkehr machte er sich über den »Geisterseher« her und sandte Ende März den Rest des Romans für das siebte Heft der »Thalia« an Göschen. Dieser ermunterte ihn, die Handlung weiterzuspinnen und einen zweiten Teil zu konzipieren. Offensichtlich kam Schiller dieser Aufforderung gerne nach, denn Ende desselben Jahres, am 5. November 1789, erschien der Roman in der Buchausgabe bei Göschen.

Am 30. April erhielt Schiller sein philosophisches Doktordiplom. Er unterzeichnete bei dieser Gelegenheit den Magistereid. Am 11. Mai übersiedelte er in die »Schrammei« nach Jena.

Jena, die »Schrammei«. Zeichnung aus einem Studentenstammbuch von 1816.

1790: Tod Kaiser Josephs II. von Österreich, des Sohnes von Maria Theresia. Immanuel Kants »Kritik der Urteilskraft«. Karl Philipp Moritz' »Anton Reiser«. In England wird das erste mit Dampfkraft betriebene Walzwerk in Betrieb genommen. Eröffnung der Ersten Deutschen Gewerbeausstellung in Hamburg. Kurzgeschorener Tituskopf ersetzt Zopf und Igelfrisur.

»Der neue Professor wird lesen!«

Zwei Tage nach seiner Ankunft in Jena und dem Bezug seiner Wohnung in der »Schrammei« am 11. Mai 1789 wurde Schiller bei den Prorektoren der Universität vorstellig, um sich mit den universitären Einrichtungen und den Modalitäten seiner Lehrtätigkeit vertraut zu machen. Als Vorlesung kündigte er das Thema »Einleitung in die Universalgeschichte« an. In der Antrittsvorlesung wollte er über den Unterschied zwischen dem »Brotgelehrten« und dem »philosophischen Kopf« reflektieren. Er kündigte seinen Vortrag mit dem Titel »Was heißt und zu welchem Ende studiert man Universalgeschichte« an.

Schillers erster Eindruck von den Studenten war positiv. Er fand rasch Gefallen an ihrem selbstbewusstem

Das Griesbachsche Haus in Jena, Kupferstich um 1830. Der Umzug vom beengten Vorlesungsraum am Johannesplatz zum Auditorium von Griesbach glich einem Triumphzug Schillers. Im Hintergrund der Turm der Stadtkirche.

Auftreten, »sie wandeln mit Schritten eines Niebesiegten«, schrieb er an Körner. Er konnte sich der allgemeinen Zustimmung gewiss sein. Schließlich galt er als der berühmte Dichter der »Räuber«. Am 26. Mai, abends um sechs Uhr, begab er sich zum Hörsaal am Johannesplatz, um seine Antrittsvorlesung zu halten. Das Auditorium war überfüllt. Von draußen drängten Scharen von Studenten nach. Bald wurde deutlich, dass das Gebäude diese unübersehbare Menge von Studenten nicht fassen konnte, so dass man sich entschloss, die Veranstaltung in ein anderes Gebäude mit einem größeren Hörsaal zu verlegen:

»Nun gabs das lustigste Schauspiel. Alles stürzte hinaus und in einem hellen Zug die Johannesstraße hinunter, die, eine der längsten in Jena, von Studenten ganz besät war. Weil sie liefen was sie konnten, um in Griesbachs Auditorium einen guten Platz zu bekommen, so kam die Straße in Alarm und alles in den Fenstern in Bewegung. Man glaubte anfangs, es wäre Feuerlärm, und am Schloss kam die Wache in Bewegung. Was ists denn? was gibt's denn? hieß es überall. Da rief man denn: Der neue Professor wird lesen!«

Jena, Hof des alten Akademiegebäudes in der Kollegiengasse.

So berichtete er Körner nach Dresden. Noch während der Abend- und Nachtstunden sprach man in Studentenkreisen vom neuen berühmten Professor. »Ich bekam eine Nachtmusik und Vivat wurde dreimal gerufen«, schrieb er am folgenden Tag nach Dresden. Die Euphorie nahm unter den Studenten allerdings rasch ab. Die Zahl der Hörer ging im Laufe des Semesters stark zurück, da nicht das Thema,

Kupferstich des Alten Akademiegebäudes in Jena aus dem 18. Jahrhundert. Nicht hier, sondern am Johannesplatz hielt Schiller seine erste Vorlesung über »Universalgeschichte«.

Was heisst und zu welchem Ende studiert man Universalgeschichte?
Eine akademische Antrittsrede (26. Mai 1789)

»Fruchtbar und weitumfassend ist das Gebiet der Geschichte; in ihrem Kreise liegt die ganze moralische Welt. Durch alle Zustände, die der Mensch erlebte, durch alle abwechselnde Gestalten der Meinung, durch seine Torheit und durch seine Weisheit, seine Verschlimmerung und seine Veredlung, begleitet sie ihn; vor allem, was er sich nahm und gab, muss sie Rechenschaft ablegen. Es ist keiner unter Ihnen allen, dem Geschichte nicht etwas Wichtiges zu sagen hätte; alle noch so verschiedene Bahnen Ihrer künftigen Bestimmung verknüpfen sich irgendwo mit derselben; aber eine Bestimmung teilen Sie alle auf gleiche Weise miteinander, diejenige welche Sie auf die Welt mitbrachten – sich als Menschen auszubilden – und zu dem Menschen eben redet die Geschichte.«

wohl aber der Vortrag als sehr schlecht beurteilt wurde. Ein »Ohrenzeuge«, der Student Gedicke, gab zu Protokoll:

»Er las alles Wort vor Wort ab, in einem pathetischen, deklamatorischen Ton, der aber häufig zu den simplen historischen factis und geographischen Notizen, die er vorzutragen hatte, gar nicht passte. Überhaupt aber war die ganze Vorlesung mehr Rede als unterrichtender Vortrag.«

Der Marktplatz von Jena, kolorierte Zeichnung von 1792.

Schiller lebte sich schnell in Jena ein. Zufrieden und heiteren Sinns schrieb er an Karoline und Charlotte nach Rudolstadt, dass er sich in seiner neuen Umgebung behaglicher eingerichtet hatte, als ihm das in Weimar gelungen sei: »Ich schöpfe Vergnügen aus dem Gedanken, dass ich hier zu Hause bin.«

Einstweilen war die Professur noch nicht besoldet. Doch Schiller wollte um eine Bezahlung kämpfen. Gleichzeitig verfolgte er Pläne, seine Vorlesungen drucken und so in den Handel kommen zu lassen. Ferner war er natürlich bestrebt, weiterhin als Schriftsteller tätig zu sein und seine Erzeugnisse so teuer wie möglich zu verkaufen. Tatsächlich erschien die umgearbeitete Antrittsvorlesung im Novemberheft von Wielands »Teutschem Merkur«.

Was heißt
und
zu welchem Ende studiert man
Universalgeschichte?

Eine Akademische Antrittsrede
bey
Eröfnung seiner Vorlesungen
gehalten
von
Friedrich Schiller,
Professor der Geschichte in Jena.

Jena,
in der Akademischen Buchhandlung.
1789.

Titelblatt des Drucks von Schillers Jenaer Universitäts-Antrittsrede von 1789.

Verlobung und Hochzeit in Wenigenjena

Im Juni reiste Schiller nach Rudolstadt und musste von den Lengefeld-Töchtern erfahren, dass diese ihre sommerliche Badereise im Folgemonat nach Lauchstädt unternähmen. Man verabredete ein Treffen in Jena, wo Karoline und Charlotte ihre Reise zu unterbrechen gedachten. Sie wollten in Griesbachs Gartenhaus übernachten und am Abend mit Schiller zusammenkommen. Karoline übermittelte ihm die eilige Nachricht: »Richten Sie's ja so ein, dass wir Sie viel sehen, es wird uns sonst eine sehr üble Laune in Jena anwandeln.«

Schiller fieberte diesem Abend entgegen, da er sich vorgenommen hatte, um die Hand Charlottes zu bitten. Sein Kommen verzögerte sich jedoch, so dass er erst spät am Abend im Griesbachschen Haus ankam. Dort traf er überraschenderweise auf Goethe und konnte sich nur wenig um die Schwestern aus Rudolstadt kümmern.

Enttäuscht reisten Charlotte und Karoline am nächsten Morgen weiter nach Lauchstädt, nicht ohne zuvor Schiller das Versprechen abgerungen zu haben, sie dort im Laufe des Sommers zu besuchen. Schiller hielt

Wort und traf Anfang August in dem Städtchen unweit von Halle ein.

In Lauchstädt traf Schiller auf eine kühle Charlotte. Er traute sich nicht, ihr seinen Herzenswunsch vorzutragen. Er wandte sich an Karoline, die ihn zu seinem Entschluss ermunterte und ihm riet, sein Anerbieten schriftlich zu verfassen. So reiste Schiller, ohne sich offenbart zu haben, nach Leipzig ab, um dort seinen Freund Körner zu treffen. Hier fasste er sich ein Herz und erklärte, wenn auch etwas umständlich – »Ist es wahr, teuerste Lotte? Darf ich hoffen, dass Karoline in Ihrer Seele gelesen hat und aus Ihrem Herzen mir beantwortet hat, was ich mir nicht getraue zu gestehen?« – dass er sie liebe und heiraten wollte. Lotte antwortete postwendend und ähnlich verhüllt: »Karoline hat in meiner Seele gelesen; und aus meinem Herzen geantwortet. Der Gedanke, zu Ihrem Glück beitragen zu können, steht hell und glänzend vor meiner Seele. Kann es treue, innige Liebe und Freundschaft, so ist der warme Wunsch meines Herzens erfüllt, Sie glücklich zu sehen.«

Sie waren verlobt – zunächst allerdings ohne Aussicht auf eine baldige Heirat, da Schiller sich nicht traute, »chère mère«, der künftigen Schwiegermutter, das süße Geheimnis anzuvertrauen. Noch war die finanzielle Grundlage für eine Heirat nicht geschaffen.

Im September begab sich Schiller für einen einmonatigen Ferienaufenthalt nach Volkstädt. Fast täglich spazierte er am Nachmittag nach Rudolstadt und besuchte seine heimliche Verlobte, doch ein offenes Wort der Mutter gegenüber kam ihm nicht über die Lippen. Heftige Zahnschmerzen plagten ihn, und so fuhr er Ende Oktober unverrichteter Dinge zurück nach Jena, um zu Semesterbeginn seine Tätigkeit an der Universität wieder aufzunehmen.

Bald gestand Charlotte ihrer Mutter die heimliche Verlobung. Nachdem Schiller von diesem Schritt erfahren hatte, verkündete er sogleich seinen Eltern die Verlobung und verfasste einen Brief an Frau von Lengefeld, in dem er um die Hand Charlottes anhielt:

»Ich gebe das ganze Glücke meines Lebens in ihre Hände. Ich liebe Lottchen – ach! wie oft war dieses Geständnis auf meinen Lippen, es kann Ihnen nicht entgangen seyn. Seit dem ersten Tage, wo ich in Ihr Haus trat, hat mich Lottchens liebe Gestalt nicht mehr verlassen ... Ich habe nichts zu fürchten, als die zärtliche Bekümmernis der Mutter um das Glück ihrer Tochter, und glücklich wird sie durch mich seyn, wenn Liebe sie glücklich machen kann. Und dass dieses ist, habe ich in Lottchens Herzen gelesen.«

Zwei Tage später schon erfuhr Schiller, dass »chère mère« ihren Segen gegeben hatte. Zwischenzeitlich unterrichtete Frau von Stein, der die heimliche Verlobung von Charlotte entdeckt wurde, Herzog Karl August von der geplanten Verbindung und ließ beiläufige Bemerkungen über eine durchaus notwendige Besoldung Schillers fallen. Der Herzog schien diesem Ansinnen nicht abgeneigt gewesen zu sein, was möglicherweise Frau von Lengefeld angedeutet wurde, so dass sie frischweg ihre Zustimmung übermitteln konnte.

Luise von Lengefeld, genannt »chère mère«, Mutter von Charlotte und Karoline. Kreidezeichnung um 1788.

Sie sah sich in ihren Erwartungen dem künftigen Schwiegersohn gegenüber nicht getäuscht, wenngleich Schiller der bevorstehenden Ehe in finanzieller Hinsicht nicht viel anzubieten hatte. Zu Beginn des Jahres 1790, Schiller hielt sich in Weimar auf, ließ der Herzog ihn zu sich rufen und teilte ihm mit, dass er künftig mit einem jährlichen Gehalt von 200 Talern rechnen könnte. Mit diesem Gehalt, so scherzte der Herzog, gebe er doch das Beste zur Ehe – das Geld. Außerdem verhalf der Herzog dem Dichter zu einem »anständigen Titel«, indem er dem Meininger Herzog empfahl, Schiller das Hofratsdiplom zu verleihen. Mit diesem Titel mochte der junge Universitätsprofessor seiner künftigen Schwiegermutter nicht mehr ganz so bürgerlich erschienen sein – immerhin gestattete sie ihm die Hand ihrer adeligen Tochter.

Wilhelm von Humboldt, der Schiller zu seiner Braut gratulierte, riet ihm, die Hochzeit unverzüglich anzuberaumen, zumal er wusste, dass der Dichter zuvor mit Göschen ein Honorar von 400 Talern für einen Beitrag zum »Historischen Kalender für Damen« vereinbart hatte. Thema: Die Geschichte des Dreißigjährigen Krieges. Das neue Jahr ließ sich gut an. Mit dem Verleger Mauke aus Jena kam Schiller überein, seine Vorlesungen zu veröffentlichen. Dafür erhielt er einen Vorschuss von 51 Talern. Da »chère mère« dem Paar eine jährliche Rente von 150 Talern in Aussicht stellte, fasste man die Trauung für Ende Februar ins Auge. Luise von Lengefeld schlug die Kirche von Wenigenjena für die Eheschließung vor. Das Paar war einverstanden.

Historischer Kalender für Damen auf das Jahr 1792. Gedruckt bei Göschen 1791. Göschen hatte Schiller bei dessen Leipzig-Aufenthalt 1785 kennengelernt.

Während dieser aufgeregten und heiteren Tage war ein nicht zu überhörender Missklang zu vernehmen. Charlotte von Kalb, die über die neuesten Herzensbewegungen »ihres Dichters« nur unzureichend unterrichtet war, plante die Trennung von ihrem Ehemann, um sich mit diesem Schritt endgültig an die Seite Schillers stellen zu können.

Schiller, der gegenüber Frau von Kalb über die Liebe zu Charlotte zunächst nichts verlauten ließ und auch die Verlobung, wie verabredet, geheimhielt, schrieb ihr unmittelbar nach dem Entschluss zur Heirat von seinem Liebes- und künftigen Ehebündnis. Sie soll sich nach dem Empfang dieser Neuigkeiten, so wurde aus Weimar gemeldet, »wie ein rasender Mensch, bei dem der Paroxysmus vorüber ist«, gebärdet haben.

In der Kirche von Wenigenjena heirateten Schiller und Charlotte von Lengefeld, Aquarell.

Am 14. Februar wurde das Aufgebot in der Jenaer Hauptkirche bestellt. Vier Tage später reiste Schiller nach Weimar, um Charlotte von Kalb ihre Briefe zurückzugeben.

Am 22. Februar traf am späten Nachmittag eine kleine Hochzeitsgesellschaft in Wenigenjena ein, einem Dorf an der Saale gegenüber von Jena gelegen und heute zum Stadtgebiet gehörend. Die Trauung fand in der Dorfkirche, einem spätgotischen Bau ohne Turm statt. Neben dem Brautpaar hatten sich nur noch die Mutter und die Schwester Karoline eingefunden. Charlotte erinnerte sich:

»Als ich in die stille Dorfkirche hineintrat, schwammen leichte Abendwolken an dem Himmel, und die Abendsonne übergoss sie mit rötlichem Glanze. An Schillers Hand trat ich in die schmucklose Kirche und legte das Gelübde ab, ihm treu zu bleiben bis in den Tod.«

Der Geschichtsprofessor

Schiller stürzte sich in die Arbeit, denn er schrieb »ums tägliche Brot«. Es galt, die Vorlesungen vorzubereiten und das Manuskript zum »Dreißigjährigen Krieg« für Göschen fertigzustellen. »Der Dreißigjährige Krieg, den ich in Göschens Kalender mache«, schrieb er an Körner, »nimmt mir jetzt alle Stunden ein, und ich kann kaum zu Atem kommen ... Ich bin täglich vierzehn Stunden, lesend und schreibend in Arbeit und dennoch geht's so leidlich wie sonst nie.«

»Lesend und schreibend« – das bedeutete, dass Schiller sich den Stoff, den er zu formulieren hatte, erst noch aneignen, reflektieren und für die schriftliche Form vorbereiten musste. Tatsächlich bewältigte er das beträchtliche Arbeitsaufkommen bis zum 11. September. An diesem Tag überreichte er Göschen das Manuskript zum ersten Teil der »Geschichte des Dreißigjährigen Krieges«. Eine Fortsetzung sollte im folgenden Jahr erscheinen. Nach diesen anstrengenden Arbeitsmonaten gönnte sich Schiller nach Vorlesungsende einen Ferienaufenthalt in Rudolstadt, um dort, wie er sagte »recht liederlich zu werden.«

»Zwölf Tage brachte ich in Rudolstadt mit Essen, Trinken und Schachspielen und Blindekuhspielen zu. Ich wollte ganz feiern, und diese Erholung hat mir wohlgetan, obwohl sie mir gegen Ende unerträglich wurde. Lange kann ich den Müßiggang nicht ertragen.«

So eine kurze Mitteilung an Körner. Ende Oktober fand sich das Ehepaar wieder in Jena ein, da die Vorlesungen begonnen hatten. Schiller nahm sich die »Europäische Staatengeschichte«, die »Universalgeschichte der mittleren und neueren Zeit« und die »Geschichte der Kreuzzüge« vor. Die zuletzt genannte Vorlesung fand einen aufmerksamen Hörer, den jungen Friedrich von Hardenberg, genannt Novalis. Der etablierte Dichter und Geschichtsprofessor und sein Student, der künftige Romantiker, lernten einander kennen. In diesen Tagen fand sich auch Goethe in Jena ein. Er kam gerade von einem Besuch bei den Körners aus Dresden und berichtete Schiller von seinen Gesprächen mit dem Freund. Zum ersten Mal kamen

Porträt des Dichters Friedrich Leopold Freiherr von Hardenberg, genannt Novalis (1772–1801) von Franz Gareis.

sich die beiden Dichter näher. Sie vertieften sich in philosophische Debatten, und Schiller lernte die Denkweise des Poeten aus Weimar kennen. An Körner schrieb er tags darauf:

»Er war gestern bei uns, und das Gespräch kam bald auf Kant. Interessant ists, wie er alles um seine eigne Art und Manier kleidet und überraschend zurückgibt, was er las; aber ich möchte doch nicht über Dinge, die mich sehr nahe interessieren, mit ihm streiten. Es fehlt ihm ganz an der herzlichen Art, sich zu irgend etwas zu bekennen. Ihm ist die ganze Philosophie subjektivistisch, und da hört dann Überzeugung und Streit zugleich auf. Seine Philosophie mag ich auch nicht ganz; sie holt so viel aus der Sinnenwelt, wo ich aus der Seele hole. Überhaupt ist seine Vorstellungsart zu sinnlich und betastet mir zu viel. Aber sein Geist wirkt und forscht nach allen Direktionen und strebt sich ein Ganzes zu erbauen – und das macht mir ihn zum großen Mann.«

Schiller analysierte mit scharfem Verstand und wusste sehr bald, wie er Goethe einzuschätzen hatte. Bei allen Kritikpunkten und gegensätzlichen Denkansätzen war Schiller doch aufgeschlossen für den weiten Bogen, den Goethe in der Sinnenwelt spannte, um Kultur und Natur als ein homogenes Ganzes zu begreifen.

Gegen Weihnachten lernte Schiller eine weitere bedeutende Person kennen, Wilhelm von Humboldt, der gerade aus Paris eingetroffen war. Charlotte und ihre Schwester Karoline kannten seit längerem Karoline von Dacheröden, die mit Wilhelm von Humboldt verlobt war. Auch Schiller hatte bereits während der Lauchstädter Kur der Lengefeld-Schwestern das Fräulein von Dacheröden kennengelernt. Am Heiligabend saßen sie zusammen und freundeten sich rasch an. Intensiviert wurde die Freundschaft jedoch erst Jahre später, als das Ehepaar Schiller im Mai 1794 von der Reise aus dem Schwäbischen zurückgekehrt war und eine neue Wohnung in nächster Nähe der Humboldts bezogen hatte.

Wilhelm Freiherr von Humboldt (1767–1835). Relief von Martin Gottlieb Klauer. Humboldt war seit 1789 mit Schiller bekannt.

Caroline von Dacheröden, Humboldts Braut und spätere Frau.

1791: Washington wird als Hauptstadt der USA gegründet. Tod von Wolfgang Amadeus Mozart. Johann Gottfried Herders »Ideen zur Philosophie der Geschichte der Menschheit«. Igelfrisur mit hohen Hauben und Reifrock dominiert die Damenmode.
1792: Frankreich erklärt Österreich den Krieg. Goethe bei der Kanonade von Valmy anwesend. Nach dem Sturm auf die Tuilerien erklärt der Nationalkonvent Frankreich zur Republik.
Die Zivilehe wird in Frankreich eingeführt und der Dollar als Münzeinheit in den USA.
1793: Terror-Regime des französischen Konvents. Ludwig XVI., König von Frankreich, und seine Gemahlin Marie Antoinette lassen ihr Leben unter der Guillotine.
Jean Pauls »Leben des vergnügten Schulmeisterlein Maria Wuz«.
1794: Der Jakobiner Robespierre wird gestürzt und hingerichtet, nachdem er Danton hat guillotinieren lassen.
In der Männermode setzen sich die Pantalons durch, bis auf die Füße reichende lange Hosen.

Die »Krankheit in meiner Brust«

Der Beginn des Jahres 1791 setzte mit einer schweren Erkrankung des Dichters ein. Während der feierlichen Sitzung der »Kurfürstlichen Akademie nützlicher Wissenschaften« am 3. Januar in Erfurt – Schiller wurde als Mitglied aufgenommen – ergriff ihn unvermittelt ein heftiges Fieber. Er musste nach Hause getragen werden und mehrere Tage das Bett hüten. Nach einer kurzen Erholungsphase schlug das Katarrhfieber um so heftiger wieder zu. Beklemmungen, Blutspucken und Husten plagten Schiller. Er litt unter Atemnot, und ein Arzt musste kommen, um ihn zur Ader zu lassen. Ende Januar verschlimmerte sich sein Gesundheitszustand. Erneute Aderlässe und die auf ein Minimum reduzierte Nahrungsaufnahme schwächten den Körper derart, dass er bei der geringsten Bewegung in Ohnmacht zu fallen drohte.

Schwiegermutter und Schwägerin eilten herbei, um der Ehefrau während der Krankenpflege zu helfen. Freunde besuchten ihn, als das Fieber langsam nachließ. Unter ihnen fand sich auch der junge Novalis ein, dem Schiller übrigens empfahl, Jura zu studieren. Der Herzog ließ ihm sechs Flaschen Madeira schicken. Endlich trat Besserung ein. Mitte Februar konnte Schiller erstmals das Bett verlassen. Zwar klagte er auch später noch wiederholt über Brustschmerzen, doch erholte er sich allmählich und konnte bald wieder seine Arbeit aufnehmen. Er versprach Göschen, sehr bald die Fortsetzung der »Geschichte des Dreißigjährigen Krieges« in Angriff zu nehmen. Nach zwei Monaten griff er zur Feder und schrieb an Wieland:

»Nach einer sehr langsamen Erholung finde ich mich wieder in die Welt um mich herum und in die Arbeit, wiewohl ich nicht leugnen kann, dass einige Überreste der Krankheit in meiner Brust mich beunruhigen. Die Zeit und vorsichtige Lebensordnung, hoffe ich, sollen auch diese heben, so dass ich mit heitrem Mut in die Zukunft sehen kann.«

Diese Hoffnung scheint lediglich zu glimmen und nicht hell aufzuleuchten. Im Brief gestand er Wieland,

Schillers Krankheit
Schiller war ausgebildeter Hofmedikus und wusste um seinen Zustand und die Herkunft seiner Krankheit. Das Malaria-Fieber, Grund allen Übels, hatte er sich im Herbst 1783 in Mannheim geholt (siehe S. 53). Er machte sehr genaue Angaben über den Verlauf seiner Krankheit, so dass moderne Internisten eine Diagnose abgeben konnten: Schiller litt an einer Lungenentzündung, die durch eine Erkältung während der kalten Januartage in Erfurt hervorgerufen worden war. Eine zusätzliche Rippenfellentzündung verschärfte die Situation. Nach der Genesung blieb offensichtlich eine Rippenfell-Eiterung zurück. Bei einem weiteren Anfall, Wochen später, brach der Eiter durch das Zwerchfell und führte zu einer Blutvergiftung, die in vielen Fällen den Tod bedeutete. Schiller überlebte, doch musste er bis zu seinem Tode mit einer chronischen Bauchfellentzündung leben, die von quälenden Verdauungsstörungen begleitet war. Mehr oder weniger heftige Brustschmerzen und Unterleibskrämpfe sollten Schiller für den Rest seines Lebens verfolgen.

dass er umfassende dichterische Pläne verfolge, aber fürchte, diese von seinem »bösen Schicksal« vereitelt zu sehen, so »... dass es mir eine große Angelegenheit sein wird, den Weg zu jenem Ziele zu beschleunigen.«

Spürte er insgeheim, dass seine Zeit bald abgelaufen war? Vielleicht hatte die Krankheit eine dynamische Entfaltung seiner poetischen Kraft bewirkt, ihn gewissermaßen zu den »Riesenschritten des Geistes« angespornt, wie Goethe bemerkte.

Und so, als ob er die Anzeichen des Brustschmerzes richtig gedeutet hätte, warf ihn wenige Wochen später, am 8. Mai, ein erneuter und um vieles schlimmerer Fieberanfall auf das Krankenlager. Brust- und Unterleibskrämpfe setzten ihm zu. Atembeklemmungen nahmen ihm die Luft, und der Fieberfrost ließ seine Glieder erkalten. Zeitweise setzte der Puls aus. Der Kranke glaubte, sein letztes Stündlein habe geschlagen. Unfähig zu sprechen, griff er mit zitternder Hand zur Feder, um von seinen Liebsten Abschied zu nehmen. Wochen später schrieb er an Körner, dass er auch an ihn einige Worte gerichtet hatte, »... die ich jetzt als Denkmal dieses traurigen Augenblicks aufbewahre.«

Während sich der Kranke allmählich erholte, verbrei-

Der dänische Schriftsteller Jens Immanuel Baggesen (1764–1826), der Initiator der großzügigen Rente vom dänischen Hof. Lithografie.

tete sich in Erfurt das Gerücht von Schillers Tod. Anfang Juni brachte die »Oberdeutsche allgemeine Literaturzeitung« das Ableben des Dichters und Geschichtsprofessors zur Anzeige. Es kam noch schlimmer: Ein Verehrer Schillers, der Dichter Jens Baggesen aus Kopenhagen, veranstaltete mit weiteren Schillerfreunden wie dem Minister Graf Ernst von Schimmelmann und Gattin sowie dem Baron von Schubart und Gattin eine Feier zu Ehren des Poeten. Da erreichte ihn die vermeintliche Todesnachricht, und er entschloss sich, das Jubelfest in eine Totenfeier umzuwandeln. Erst später erfuhren die dänischen Verehrer den wahren Sachverhalt.

Bereits im März 1791 hatte Herzog Karl August Schiller besucht und ihm mitgeteilt, dass er das Sommersemester seiner vollständigen Genesung widmen solle. Auch die ihn behandelnden Ärzte empfahlen dringend einen Kuraufenthalt. Am 9. Juli reisten die Eheleute und die Schwägerin Karoline zusammen mit dem Arzt Dr. Ferdinand Eicke nach Karlsbad. In dem berühmten Bad erholte sich Schiller rasch. Göschen hielt sich hier ebenfalls auf, so dass über die Fortsetzung der »Geschichte des Dreißigjährigen Krieges« gesprochen werden konnte. Man besuchte das Rathaus in Eger und das Haus, in dem Wallenstein ermordet wurde.

Kantstudien

Die kleine Kurgesellschaft um Schiller reiste schon vorzeitig ab. Eine längere Nachkur in Erfurt erwies sich als notwendig, da ihn Atemnot und Unterleibskrämpfe fast täglich plagten. Noch im September meldete er, dass er an Krämpfen leide, »... und der kurze Atem hält immer noch an.« Allmählich trat Besserung ein, so dass er seine Studien zum Dreißigjährigen Krieg wieder aufnehmen konnte. Bald begann er mit der Niederschrift des zweiten Teils, und Anfang Oktober übersandte er Göschen das dritte Buch seiner Studie.

Und wieder plagten ihn Geldsorgen. Schließlich galt es, den Ehestand zu finanzieren. Obwohl der Herzog sich weigerte, Schiller eine feste Besoldung zukommen zu lassen, sandte er ihm einen einmaligen Betrag von 250 Talern. Wielands Schwiegersohn Reinhold, Professor der Philosophie, pflegte hin und wieder Umgang mit Schiller und war dem Dichter herzlich zugetan. Er war mit dem dänischen Dichter Baggesen bekannt, dem er nach Dänemark über den zerrütteten Gesundheitszustand des verehrten Dichters schrieb. »Seine Eingeweide sind, ich befürchte fast, unheilbar zerrüttet. Doch arbeitet er, aus geistigen, nicht weniger als vielleicht auch ökonomischen Bedürfnissen, an der Fortsetzung der Geschichte des Dreißigjährigen Krieges.« Er könne nur genesen, so Reinhold weiter, wenn er über ein regelmäßiges Einkommen verfüge, das an keine Arbeitsverpflichtung gebunden sei. Baggesen war entsetzt und legte den Brief seinem Herzog Friedrich Christian von Schleswig-Holstein-Augustenburg vor. Der besprach sich mit dem Grafen Schimmelmann. Beide überlegten, wie dem berühmten Dichter zu helfen sei und zeigten sich erstaunt, dass der Weimarer Herzog nicht in der Lage war, Schiller aus der misslichen Lage zu befreien. Begeistert schrieb Baggesen an Schiller:

»Zwey Freunde durch Weltbürgersinn mit einander verbunden, erlassen dieses Schreiben an Sie, edler Mann! Beyde sind Ihnen unbekannt, aber beyde verehren und lieben sie. Beyde bewundern den Flug Ihres Genius der verschiedene Ihrer neuern Werke zu den erhabensten unter allen menschlichen Zwecken stempeln konnte ... Wir bieten Ihnen zu dem Ende auf drey Jahre ein jährliches Geschenk von tausend Thalern an.«

Überglücklich meldete Schiller nach Dresden, dass er endlich »die längst gewünschte Unabhängigkeit des Geistes« erlangt habe. Und drei Tage später verfasste er ein Dankesschreiben an Baggesen:

»Ja, mein theurer Freund, ich nehme das Anerbieten des Prinzen von H. und des Grafen S. mit dankbarem Herzen an – nicht, weil die schöne Art, womit es ge-

Karlsbad
Ein Hirschsprung soll einer Sage zufolge für die Gründung des böhmischen Karlsbad verantwortlich gewesen sein. Ein Hirsch, gehetzt von der Jagdmeute Kaiser Karls IV., stürzte sich in die Tiefe, und die Hunde hinterdrein. Einige fielen in eine 72° Celsius heiße Quelle. Die Rettung der Tiere war vergeblich, doch die Quelle war entdeckt. Schnell avancierte Karlsbad zum Treffpunkt der vornehmen Gesellschaft Europas. Sogar der kaiserliche Feldherr Wallenstein kurte hier. Neben den Bad- und Trinkkuren zogen Lustbarkeiten viele Noble aus Europa an. Ein Ballhaus und ein Theater wurden errichtet. 1775 eröffnete der Zuckerbäcker Pupp ein erstes Hotel. Johann Wolfgang von Goethe besuchte den Badeort dreizehn Mal. Im Jahr von Schillers Kuraufenthalt wurde der elegante Posthof-Tanzpavillon erbaut.

than wird, alle Nebenrücksichten bei mir überwindet, sondern darum, weil eine Verbindlichkeit, die über jede mögliche Rücksicht erhaben ist, es mir gebietet.«

An den Herzog und an den Grafen richtete er die keineswegs unterwürfigen Dankesworte: »Rein und edel, wie Sie geben, glaube ich, empfangen zu können.«

Frisch und wieder bei Kräften widmete er sich gegen Ende des Jahre 1791 ausführlich der Lektüre von Kants »Kritik der reinen Vernunft«. Parallel dazu las er Reinholds »Versuch einer neuen Theorie des menschlichen Vorstellungsvermögens«.

Porträt des Philosophen Immanuel Kant, den Schiller in diesen Jahren intensiv studierte.

Immanuel Kant (1724–1804) und seine »Kritische Philosophie«
Kant, aus einer Handwerkerfamilie mit zwölf Kindern stammend, studierte in Königsberg Philosophie, Mathematik und Naturwissenschaften. Ab 1770 lehrte er als Professor Logik und Metaphysik an der Königsberger Universität. Seine »Kritische Philosophie« beginnt mit der »Kritik der reinen Vernunft (1781). Es folgen »Kritik der praktischen Vernunft« (1788) und »Kritik der Urteilskraft« (1790).
In der »Kritik der Urteilskraft« interessierte Schiller besonders die kritische Ästhetik, die vom Schönen und Erhabenen sowie vom Genie handelt, das der Kunst, vermittelt durch die Natur, die Regeln gibt. Schön ist, was unser Wohlgefallen hervorruft, das von keinerlei Interesse begleitet ist.

An Körner richtete Schiller die begeisterten Zeilen: »Ich treibe jetzt mit großem Eifer Kantische Philosophie … Mein Entschluss ist unwiderruflich gefasst, sie nicht eher zu verlassen, bis ich sie ergründet habe, wenn mich dieses auch drei Jahre kosten könnte.« Wie recht sollte er behalten. Seine Auseinandersetzung mit dem Königsberger Philosophen, unterstützt und gefördert vom Freund Reinhold, sollte tatsächlich etwas mehr als drei Jahre dauern. Dabei bezog Schiller eine durchaus kritische Stellung zur Theorie, von der er einerseits annahm, dass sie ihm die Kunst verschleiere und die Phantasie in Ketten lege. Andererseits glaubte er, durch die Theorie einen reineren Zugang zur Realität zu erhalten, da sie ihn zur »Kunstmäßigkeit« erziehe:

»Bin ich aber erst soweit, dass mir Kunstmäßigkeit zur Natur wird, wie einem wohlgesitteten Menschen die Erziehung, so erhält auch die Phantasie ihre vorige Freiheit zurück.«

Der Vernunftbegriff wurde zu einem der vorrangigen Leitgedanken im Werk Schillers. Nach langem und zähem Ringen um Kants Philosophie vertraute er Goethe im Herbst 1794 an, dass er nicht an ein immerwährendes Fortbestehen des philosophischen Gebäudes Kants glaube. Es werde dem unvermeidlichen Gesetz der Veränderung zum Opfer fallen, nicht jedoch dessen Fundamente: »... denn so alt das Menschengeschlecht ist und solange es eine Vernunft gibt, hat man sie stillschweigend anerkannt und im ganzen darnach gehandelt.«

Die Auseinandersetzung mit Kants Philosophie intensivierte sich im Laufe des Jahres 1792. Immer wieder wurde sein Studium von heftigen Fieberanfällen und Unterleibskrämpfen unterbrochen. Im März klagte er über »... die enorme Kälte ... sie beschwert mich sehr und weckt die Krämpfe im Unterleib wieder auf.« Im April war er wiederhergestellt und unternahm eine längere Reise nach Dresden zu den Körners. Das Ehepaar blieb dort vier Wochen. Schiller nutzte die Zeit, um mit dem Freund über Kant zu diskutieren. Schriftstellerische Pläne wurden geschmiedet. Man sprach über Kants Ästhetik in der »Kritik der Urteilskraft«, und Schiller entwickelte erste Idee zu den »Ästhetischen Briefen«. Während der Rückreise über Leipzig besuchte das Ehepaar die Göschens. Dort warf ein erneuter Fieberanfall Schiller auf das Krankenlager. Nach der Genesung begaben sich Schiller und Charlotte nach Jena. Die Gespräche mit Körner wirkten nach, und er nahm sich die Lektüre der »Kritik der Urteilskraft« vor. Göschen drängte derweil auf den baldigen Abschluss der »Geschichte des Dreißigjährigen Krieges«.

Manchmal glaubte Schiller, in der Gestalt des Wallenstein eine geeignete Figur in einem groß anzulegenden historischen Drama gefunden zu haben. Ihn »juckte die Feder nach dem Wallenstein«, doch dann griff er wieder diszipliniert zur Kant-Lektüre, die er immer wieder zur Seite legen musste, sei es, dass ihn die Krankheit plagte, oder dass Göschen mahnende Briefe aus Leipzig an ihn richtete. Seine Reaktion: »Die Last des ›Dreißigjährigen Krieges‹ liegt noch schwer auf mir, und weil auch die Krämpfe mich redlich fortplagen, so weiß ich oft kaum, wo aus noch ein.«

Mitte September hatten sich Schillers Mutter und die Schwester Nanette in Jena angesagt. Sie blieben mehrere Wochen. Zusammen unternahmen sie Ausflüge, wenn es die Gesundheit Schillers erlaubte. Ende September brach man auf nach Rudolstadt, um die Lengefelds zu besuchen. Während des Aufenthalts der Mutter entstanden erste Pläne zu einer längeren Reise in die Heimat. Man dachte an das folgende Jahr, in dem Schillers Vater seinen 70. Geburtstag feierte. Ferner wollte er mit seinem Herzog Carl Eugen ins Reine kommen. Zwei Briefe hatte er bereits nach Stuttgart geschrieben. Sie blieben unbeantwortet.

Nach der Abreise von Mutter und Schwester Anfang Oktober tauchte Schiller wieder ein in die philosophischen Kreise der »Kritik der Urteilskraft«. Aufmerksam studierte er die Ausführungen zur Theorie des Schönen und bereitete eine Ästhetik-Vorlesung vor. Im Dezember schrieb Schiller einen Dialog nach klassischem Muster: »Kallias oder über die Schönheit«. Es ging dabei um erste Ergebnisse seiner Kant-Studien, die er in Briefen seinem Freund Körner mitteilen wollte: »Schönheit ist Freiheit in der Erscheinung!« rief er von Jena aus Körner zu. In den folgenden Wintermonaten arbeitete er fleißig an den »Kallias-Briefen« mit dem Ziel einer späteren Publikation.

Da überraschte ihn eine seltsame Nachricht: Der französische Nationalkonvent verlieh ihm, der sich so verdienstvoll um die Sache der Freiheit bemüht hatte, den Ehrentitel eines »citoyen français«. Erstaunt nahm er die Ehrung zur Kenntnis, doch zweifelte er am dauerhaften Erfolg der Französischen Revolution. Als er die Nachricht von der Hinrichtung Ludwigs XVI. erhielt, wandte er sich voller Abscheu von der französischen Politik ab: »Der große Moment hat ein schwaches Geschlecht gefunden.« Schiller glaubte, dass die durch die Revolution zum Greifen nahe gerückte Vernunftrepublik nichts anderes als ein schöner philosophischer Traum gewesen sei. Doch war er weit davon entfernt, dieses Ideal aufzugeben: »Politische und bürgerliche Freiheit bleibt immer und ewig das heiligste aller Güter, das würdigste Ziel aller Anstrengungen und das große Zentrum aller Kultur.« So schrieb er an den Herzog Friedrich Christian von Augustenburg.

Viele Briefe wechselten bereits seit geraumer Zeit zwischen dem herzoglichen Verehrer aus Dänemark und dem Dichter in Jena. Zu Beginn des Jahres 1793 fragte er den Herzog, ob er seine Gedanken über die objektiven Gesetze der Schönheit in einer Reihe von Briefen an ihn darlegen könnte. Darin sah er unter anderem auch eine Dankesbezeigung an den dänischen Wohltäter. Das war der Auftakt zu einer der bedeutendsten theoretischen Abhandlungen Schillers, zur Schrift »Über die ästhetische Erziehung des Menschen in einer Reihe von Briefen«, die 1795 in der von ihm herausgegebenen Zeitschrift »Die Horen« erschien (siehe S. 125).

Schillers Ansatz war interessant. Die Hoffnungen, die mit der Französischen Revolution verbunden waren, wurden im Pariser Blutrausch ertränkt. Dennoch hielt er am Ideal der Vernunft-Republik fest. Nun galt es, den Menschen für diese Ideale tauglich zu machen und seine Moral und Urteilskraft zu stärken. War die »seelenbildende Kunst« ein gangbarer Weg, der zu diesem Ziel führte? Hier berührte sich seine Vorstellung mit der Goethes, der ebenfalls einen »sittlichen Bezug« vom Kunstwerk zum Menschen herstellen wollte. Schillers Beschäftigung mit Kant gab ihm Lösungsmöglichkeiten an die Hand, die er in seinen Briefen erörtern wollte.

Die Korrespondenz mit dem dänischen Herzog, dem »Augustenburger«, zog sich in die Länge. Die Briefe folgten in immer größeren Zeitabständen. Das lag an Schillers labilem Gesundheitszustand, an den Pflichten gegenüber seiner Lehrtätigkeit und der von Göschen herausgegebenen Zeitschrift »Neue Thalia«, für die er ästhetisch-philosophische Aufsätze in Aussicht gestellt hatte. Im Mai 1793 schrieb er am Manuskript »Über Anmut und Würde«, das Ende Juni in der Zeitschrift und zugleich in 150 Exemplaren als Sonderdruck herauskam.

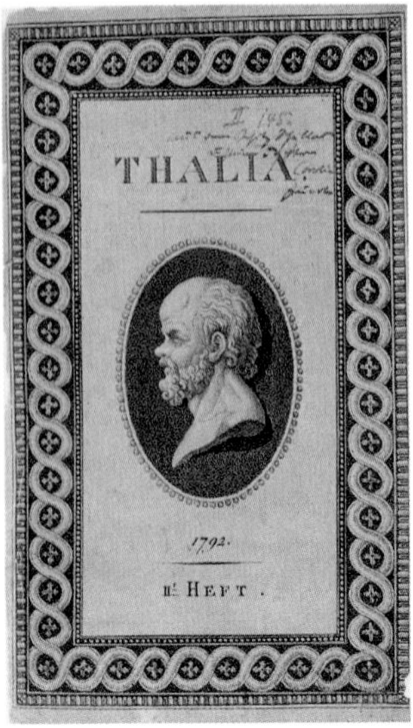

Die von Göschen übernommene Zeitschrift erschien 1786–1791 und 1792–1794 als »Neue Thalia«.

In den Frühlingsmonaten des Jahres 1793 zog das Ehepaar aus der Schrammei aus und siedelte in ein freundliches Gartenhaus außerhalb der Stadt über. Es handelte sich um den Leistschen Garten in der Zwätzgengasse 9. Mehrere Gründe waren für den Umzug verantwortlich. Der von den Schwestern Schramm besorgte Mittagstisch sorgte häufig für Verdauungsbeschwerden, und Charlotte

Über Anmut und Würde. Ästhetische Abhandlung, »Neue Thalia«, 1793
»Ueber Anmuth und Würde. An Carl von Dalberg in Erfurth. Was du hier siehest, edler Geist, bist du selbst. Milton. Leipzig, bey G.J. Göschen, 1793.«
Schiller definiert Anmut als Ausdruck einer »schönen Seele«, der er die »erhabene Gesinnung«, die sich in der Würde des Menschen offenbart, gegenüberstellt. Was versteht Schiller unter einer »schönen Seele«? Wenn der Mensch sittlich soweit gefestigt ist, dass er sich ganz dem Affekt, der sinnlichen Erregung also hingeben darf und diese sogar »... der Leitung des Willens ohne Scheu überlassen darf«, wird er nie Gefahr laufen, mit den Willens-Entscheidungen im Widerspruch zu seinen Affekten zu stehen. Um das mit Emil Staiger einfacher auszudrücken: Das Begehren entspricht dem Sollen und das Sollen dem Begehren. Damit wäre Sinnlichkeit immer auf das Gesetz ausgerichtet.
Das geht über Kant hinaus, mehr noch, hier wird Kritik an Kants Moralbegriff laut. Ein vernünftiger Mensch darf sich sinnlichen Neigungen hingeben. Die Sphäre der Empfindungen ist in Deckung zu bringen mit der Moralität des Individuums. Dieser Gedanke zielt auf die Verfassung der politischen Öffentlichkeit: Ein gesittetes Volk darf sich den Affekten hingeben, ohne dass der Staat, beziehungsweise der Souverän um die Verletzung seiner Hoheit besorgt sein muss.
Auch in diesen Gedanken wird wieder der Spannungsbogen zwischen dem Verlauf der Französischen Revolution und dem Kant-Studium deutlich.

klagte seit längerer Zeit über Übelkeit und Unwohlsein – für die herbeigerufenen Ärzte ein unerklärliches Phänomen. Schließlich löste ein Arzt das Rätsel: Charlotte war schwanger – nach drei Ehejahren. Nun galt es einen eigenen Hausstand zu gründen.

Reise nach Schwaben

Es war an der Zeit, die Reise in Schillers Heimat vorzubereiten. Zu diesem ungünstigen Zeitpunkt? An Göschen schrieb er Anfang Juli:

»Künftig Monat mache ich eine Reise nach Schwaben, wo ich vielleicht den ganzen Winter zubringen werde. Von da aus will ich Sie zu Gevatter bitten, denn ich reise bloß dahin, um einem Sohn oder Mädchen, das auf dem Weg ist, ein bessres Vaterland zu verschaffen, als Thüringen ist.«

Was für ein merkwürdiger Patriotismus! Vielleicht sollte man diesen Brief nicht allzu ernst nehmen, denn in einem weiteren Schreiben an Körner fügte er weitere Gründe für die lange geplante und nunmehr unaufschiebbare Reise nach Schwaben an. Da war vom 70. Geburtstag seines Vaters die Rede und auch von »sorgfältigeren Ärzten« für seine Frau, an denen es offensichtlich in Jena mangelte: »Ich rechne sehr auf Gmelin in Heilbronn, wo ich meinen Wohnsitz aufzuschlagen gedenke.«

Wie stand es mit Herzog Carl Eugen, dessen Terri-

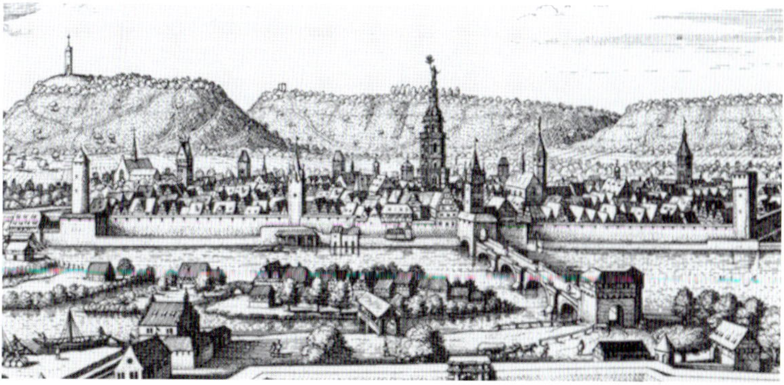

Matthäus Merians Ansicht von Heilbronn aus dem 16. Jahrhundert.

torium Schiller hauptsächlich besuchen wollte? Zunächst kümmerte sich der Dichter nicht um eine Anfrage. Die zweite Augusthälfte verbrachten die Schillers in Ludwigsburg und auf der Solitude, um die Eltern und viele Freunde zu besuchen. Dann ging es wieder zurück nach Heilbronn. Erst Anfang September richtete Schiller eine formelle Bitte an den Herzog um die Erlaubnis, württembergischen Boden betreten und nach Ludwigsburg übersiedeln zu dürfen. Eine Antwort blieb aus, da sich Carl Eugen am Rhein aufhielt. Freunde teilten Schiller jedoch mit, dass der Herzog öffentlich kund getan hatte, nichts gegen eine Anwesenheit Schillers auf herzoglichem Boden zu unternehmen. Er würde ihn aber ignorieren.

So reiste das Ehepaar nach Ludwigsburg und bezog eine Wohnung im Haus Leiss an der Ecke Post- und Seestraße. Das Gebäude befand sich schräg gegenüber der alten Lateinschule, die Schiller einst besucht hatte. Friedrich Wilhelm von Hoven, ein alter Schulfreund, hatte sich als praktischer Arzt in der Stadt niedergelassen. Er wohnte ein paar Häuserblocks weiter, so dass sich die Freunde fast täglich trafen. Hoven versorgte seinen Freund medizinisch auf das beste und sah auch nach Charlotte, die kurz vor der Geburt ihres ersten Kindes stand.

Am 14. September war es dann soweit: Zur Welt kam ein Sohn, der neun Tage später auf den Namen Karl Friedrich Ludwig getauft wurde. Schiller, seit einigen Tagen wiederholt von Brustkrämpfen geschüttelt, schlief kurz vor der Geburt erschöpft ein. Hoven, der während der Geburt anwesend war, empfahl, den Kranken ruhen zu lassen.

Nach Tagen trat wieder Besserung ein, und Schiller konnte sich seinem Sohn und seinen Freunden widmen. Er traf sogar mit seinem alten Lehrer Johann Friedrich Jahn, dem damaligen Ober-

Ludwigsburg, die heutige Wilhelmstraße 17. In diesem Eckhaus wohnten die Schillers während ihres Aufenthaltes in Ludwigsburg. Hier wurde am 14. September der erste Sohn Karl Friedrich Ludwig geboren.

präzeptor zusammen (siehe S. 16). Dann erinnerte er sich, seiner Freundin Charlotte von Kalb versprochen zu haben, nach einem geeigneten Hauslehrer für deren Sohn Fritz zu suchen. Tatsächlich fand er ihn auf Empfehlung Stäudlins, des Herausgebers des Musenalmanachs, der einen gewissen Friedrich Hölderlin vorschlug – übrigens auch auf Empfehlung des Magisters Hegel. Hölderlin, gerade 22 Jahre alt, konnte Schiller nicht begeistern, aber er willigte ein und schrieb an Charlotte von Kalb:

»Ich habe ihn persönlich kennen lernen und glaube, dass Ihnen sein Äußeres sehr wohl gefallen wird. Auch zeigt er viel Anstand und Artigkeit. Seinen Sitten giebt

Schillers Sohn Karl Friedrich Ludwig. Ölgemälde von Karl Brand, 1810.

Friedrich Hölderlin in Jena und Weimar
Der 1770 in Lauffen am Neckar geborene Hölderlin besuchte unter anderem die Nürtinger Lateinschule und das Tübinger Stift, wo er mit Hegel und Schelling zusammenkam. Die von Schiller vermittelte Hauslehrerstelle bei Charlotte von Kalb ermöglichte Hölderlin, in den Jahren 1794/95 in Jena bei Fichte Philosophie zu studieren. Hier traf er auch mit Schiller zusammen – und mit Goethe, den er beim ersten Besuch nicht erkannt hatte: »Der Himmel helfe mir, mein Unglück und meine dummen Streiche gut zu machen, wenn ich nach Weimar komme!«
Nach Beendigung seiner Hauslehrerstelle blieb Hölderlin noch einige Monate in Jena und begann mit der Arbeit am Hyperion. Schiller an Cotta: »Hölderlin hat einen kleinen Roman, Hyperion ... unter der Feder. Es wäre mir gar lieb, wenn sie ihn in Verlag nehmen wollten. Er hat recht viel genialisches, und ich hoffe auch noch, einigen Einfluss darauf zu haben.«
Überstürzt reiste Hölderlin im Mai 1795 aus Jena ab zur Mutter nach Nürtingen. Briefe wechselten zwischen Schwaben und Thüringen. Am 4. September schrieb Hölderlin die bemerkenswerten Sätze an Schiller: »Ich glaube, dass dies das Eigentum der seltnen Menschen ist, dass sie geben können, ohne zu empfangen, dass sie sich auch ›am Eise wärmen‹ können. Ich fühle hier zu oft, dass ich eben kein seltner Mensch bin. Ich friere und starre in dem Winter, der mich umgibt. So eisern mein Himmel ist, so steinern bin ich.«
Hölderlin verfasste Beiträge für die »Horen« und den Almanach. Schiller soll ihn »meinen liebsten Schwaben« genannt haben. 1802 machte sich Hölderlins Geistesstörung bemerkbar. Man erwartete seinen baldigen Tod. Doch lebte er »wirren Geistes« noch bis zum Jahre 1843 beim Tischler Zimmer in Tübingen, in dem heute so genannten »Hölderlin-Turm« am Neckar.

Friedrich Hölderlin (1770–1843). Pastellbild aus dem Jahre 1792 von Franz Karl Hiemer, einem Schüler der Hohen Karlsschule.

man ein gutes Zeugniß, doch völlig gesetzt scheint er noch nicht, und viele Gründlichkeit erwarte ich weder von seinem Wissen noch von seinem Betragen.«

Später antwortete Frau von Kalb und dankte Schiller für den vorzüglichen Hauslehrer. Hölderlin lebte sich gut in seine neue Stellung ein und blieb dort bis zum Jahr 1795.

Am 24. Oktober erreichte Schiller die Nachricht vom Tode des Herzogs Carl Eugen. In Ludwigsburg verfolgte er die Überführung der Leiche in die Gruft des Ludwigsburger Schlosses. Soll er tatsächlich Tränen in den Augen gehabt haben? Sein Freund Hoven überlieferte die Worte, mit denen der einstige Karlsschüler den späteren Besuch der Fürstengruft kommentierte: »Da ruht er also, dieser rastlos tätig gewesene Mann! Er hatte große Fehler als Regent, größere als Mensch, aber die ersteren wurden von seinen großen Eigenschaften weit überwogen und das Andenken an die letzteren muss mit dem Tode begraben werden.«

Ein nobler Gestus, zweifellos. Eher ungerührt schrieb Schiller hingegen Ende Oktober an Körner:

»Der Tod des alten Herodes hat weder auf mich noch auf meine Familie Einfluß, außer dass es allen Menschen, die unmittelbar mit dem Herrn zu tun hatten, wie mein Vater, sehr wohl ist, jetzt einen Menschen vor sich zu haben.«

Der Aufenthalt in Schwaben wurde zur Enttäuschung. Schiller hatte sich tiefsinnige Gespräche mit seinen Freunden erhofft, vielleicht auch geistige Anregungen. Zudem hatte er gehofft, dass die heimatliche Atmosphäre seiner Gesundheit zuträglich sein würde. Weit gefehlt. Die meisten seiner alten Freunde erschienen ihm »verbauert«, wie er respektlos vermerkte. Körner malte er ein düsteres Seelengemälde aus:

»Bei meiner hinfälligen Gesundheit muss ich alle Erweckungsmittel zur Tätigkeit aus mir selbst nehmen und anstatt einige Nachhülfe von außen zu empfangen, muss ich vielmehr mit aller Macht dem widrigen

Eindruck entgegenstreben, den der Umgang mit heterogenen Menschen auf mich macht.«

Selbst Körner, der treue Freund, entging nicht seinen Anschuldigungen: »Schon lange ist es bloß meine Tätigkeit, die mir mein Dasein noch erträglich macht ... Bei dieser Dürre um mich her wäre mir so wohltätig gewesen, eine Aufmunterung von dir zu erhalten, und bei der Meinung, die ich von dir habe, konnte ich mir dein Stillschweigen oder deine Kälte nur zu meinem Nachteil erklären. Ich brauchte aber wahrhaftig eher Ermunterung als Niederschlagung, denn zu großes Vertrauen auf mich selbst ist nie mein Fehler gewesen.«

Was war es nun genau, was sein Dasein erträglich machte? Während der Beschäftigung mit dem Dreißigjährigen Krieg kristallisierte sich eine dramatische Figur heraus: Wallenstein. In Ludwigsburg begann der kaiserliche Feldherr an poetischem Profil zu gewinnen. Die lange Zeit ruhende Korrespondenz mit dem Augustenburger Herzog nahm Schiller ebenfalls wieder auf. Im Dezember schrieb er einen »ästhetischen Brief«, den er später in neu gefasster und erweiterter Form mit dem Titel »Über den moralischen Nutzen ästhetischer Sitten« in der Zeitschrift »Die Horen« herausbrachte. Dann erinnerte er sich der Kallias-Briefe an Körner und bat den Freund, ihm diese zwecks Durchsicht und Umarbeitung zuzusenden (siehe S. 108f.). Die Theorie des Schönen war es hauptsächlich, die ihn in jenen Schwaben-Monaten beschäftigte.

Während der unwirtlichen November- und Dezembertage traf er mit Ludovika Reichenbach, nunmehr verheiratete Simanowitz, seiner Spielgefährtin aus den frühen Ludwigsburger Jahren zusammen. Ludovike hatte es zu einer beachtlichen Künstlerin gebracht und überreichte ihm als Geburtstagsgeschenk am 8. November

Selbstporträt der Malerin Ludovika Simanowitz, um 1800. Im Besitz von Lore und Karl-Heinz Frech, Stuttgart

Ludovika Simanowitz malte das Porträt im Dezember 1793. Mit diesem Bildnis ist die Malerin weit über die Grenzen ihres Wirkungskreises berühmt geworden.

ein Ölgemälde, das seinen Vater darstellte. Sie bot sich an, den »lieben Fritz« zu porträtieren, und es entstand das eindrucksvolle Brustbild in Pastell. Nach diesem Porträt ist das großformatige, fast lebensgroße Bildnis des Dichters entstanden, das die Künstlerin weit über die Grenzen des Herzogtums bekannt machte. Nachdem Schiller im Frühjahr wieder nach Jena zurückgekehrt war, bedankte er sich bei der Jugendfreundin:

»Ich schäme mich in der That, meine vortreffliche Freundin, Ihnen für die Mühe, die Sie mit unsern Porträts gehabt, und für die Zeit, die Sie dabei verloren, die geringe Belohnung anzubieten, die in meinen Kräften steht. Seyen Sie indessen nachsichtig, und nehmen Sie die inliegende Kleinigkeit als Erstattung für die Farbe und für die Leinwand an; denn die Kunst kann und will ich nicht bezahlen.«

Das war edelmütig und schlicht gesagt. Wahrscheinlich erkannte Schiller in dem Bildnis seine augenblickliche Situation, krank und leidend, aber wachen Geistes und diszipliniert die kommenden Aufgaben im Blick haltend.

Mitte Januar 1794 besserte sich sein Gesundheitszustand unverhofft. Bald darauf machte er sich mit Hoven auf den Weg nach Tübingen, wo er zum ersten Mal

Tübingen vom Neckar aus gesehen.

Rathaus und Marktplatz von Stuttgart. Kupferstich um 1815

mit dem Verleger Johann Friedrich Cotta zusammentraf – eine folgenreiche Begegnung, da Cotta im Jahr darauf die von Schiller herausgegebenen »Horen« verlegte.

Von Tübingen ging es im März zurück nach Stuttgart und Ludwigsburg. Obwohl Schiller die Residenzstadt meiden wollte – »ich hasse Stuttgart« –, entschied er sich dennoch, dorthin überzusiedeln. Der Ludwigsburger Haushalt wurde aufgelöst. Die junge Familie bezog das Hofküchengartenhaus in der Augustenstraße. Der gesellschaftliche Mittelpunkt Stuttgarts, zumindest was die Künstler und Gelehrten anging, war das Haus des Kaufmanns Gottlob Heinrich Rapp. Hier traf Schiller seinen alten Freund aus einstigen Akademietagen, Johann Heinrich Dannecker, nunmehr arrivierter Bildhauer. Übrigens besuchte Goethe drei Jahre später die »Rappsche Kulturgesellschaft« mit einem Begleitschreiben von Schiller in der Hand. Er nannte Rapp einen »tätigen Handelsmann und wohlunterrichteten Kunstfreund«. Dannecker schlug seinem Freund vor, in dessen Haus vorübergehend sein Atelier aufzuschlagen. Er wollte eine Büste des Dichters anfertigen. Es entstand das Vorbild zu jener mächtigen Idealbüste, die der Bildhauer nach Schillers Tod schuf. Viele späteren Schillerdenkmäler nahmen sich dieses Werk zum Vorbild.

Johann Friedrich Cotta von Cottendorf (1764– 1832)
Im Jahre 1787 übernahm Cotta die »Cotta'sche Buchhandlung« in Tübingen, die durch den Verkauf von Schillers »Horen« ab 1795 berühmt geworden ist. Cotta war der Verleger Goethes und Schillers. Er brachte auch die Werke von Herder, Kleist, Schelling, Hölderlin und anderen bedeutenden Dichtern, Philosophen und Wissenschaftlern heraus. 1798 gründete er die »Allgemeine Zeitung«, die bald zum bedeutendsten politischen Blatt avancierte. Im Jahre 1810 übersiedelte er mit dem Verlag nach Stuttgart, wurde 1822 geadelt und starb 10 Jahre später.

Mit Spannung erwartete Schiller nach seiner Rückreise in Jena den Gipsabdruck. Erfreut dankte er seinem Freund Dannecker:

»Ganze Stunden könnte ich davorstehen und würde immer neue Schönheiten an der Arbeit entdecken. Wer sie noch gesehen, der bekennt, dass ihm noch nichts so Ausgeführtes, so Vollendetes von Skulptur vorgekommen ist ... Ich umarme dich tausendmal lieber Freund, und versichere dir, dass kein Tag von nun an vergehen wird, wo ich mich deiner Liebe und deiner Kunst nicht mit herzlicher Freude und Bewunderung erinnern werde.«

Auch Goethe konnte das Werk während seines Stuttgart-Aufenthalts bewundern und war begeistert. »Als Künstler und als Mensch eine herrliche Natur«, mit diesen Worten kommentierte er die kurze Bekanntschaft mit dem Bildhauer.

Während seines Aufenthalts in Stuttgart im Jahr 1794 fertigte der Bildhauer Johann Heinrich Dannecker die Schillerbüste an. Diese Idealbüste wurde zum Grundmodell der meisten Schillerdenkmäler.

Kurz vor Schillers Abreise nach Jena, meldete sich Cotta in Stuttgart an. Dichter und Verleger sprachen über verschiedene Projekte. Unter anderem ging es um die von Schiller herausgegebenen »Horen« und um einen Plan Cottas, eine politische Tageszeitung, die spätere »Allgemeine Zeitung« erscheinen zu lassen. Cotta sah Schiller als Redakteur vor. Dieser jedoch sagte ab, da er aufgrund seiner angeschlagenen Gesundheit fürchtete, die Arbeit nicht pünktlich verrichten zu können. Doch an der literarischen Monatszeitschrift »Die Horen« hielt er fest. Die Zeitschrift sollte sich, so schwebte es Schiller vor, zu einem bedeutenden Forum der zeitgenössischen Literatur entwickeln. Der Verleger war gefunden. Nun galt es, für dieses ehrgeizige Vorhaben den bedeutendsten Dichter deutscher Sprache zu begeistern: Goethe. Vielleicht dachte Schiller auch an den Staatstheoretiker, Sprachforscher und Ästhetiker Wilhelm von Humboldt, der ebenfalls in

Porträt des Philosophen Johann Gottlieb Fichte, der 1794 eine Professur in Jena erhielt.

Johann Heinrich Dannecker

Unter den klassizistischen Bildhauern Deutschlands ragt Johann Heinrich Dannecker hervor. Er wurde 1758 als Sohn eines Stallknechts geboren und hatte das Glück, an der Hohen Karlsschule in Stuttgart zu studieren, wo ihm der Landesfürst Herzog Carl Eugen großzügig eine Ausbildung finanzierte. Später ging er nach Rom, wo er u.a. mit Canova, Tischbein und Schadow zusammenkam. Seine berühmteste Arbeit ist wahrscheinlich die Schillerbüste von 1794 (Stuttgart, Staatsgalerie). Nach dem Tod des Dichters plante er eine weitere Büste. Schiller »muss colossal in der Bildhauerei leben«, soll er gesagt haben. Er stilisierte sein neues Werk und verlieh dem Dichter und Freund pathetische, heroische Züge. Das Werk, die zweite Schiller-Hermenbüste, entstand 1810. Für Dannecker war die griechische Kunst Vorbild. Seine eleganten Göttinnen, Götter, Halbgötter und Heroen orientieren sich einerseits an den Abgüssen antiker Statuen, andererseits an den weichen Modellierungen Antonio Canovas. Besonders anmutig nehmen sich die Skulpturen, Nymphen oder allegorische Gestalten in der Natur aus, beispielsweise an Parkseen oder in Gärten.

Johann Heinrich Dannecker, Büste von 1797.

Jena und überdies noch ganz in seiner Nähe lebte.

Johann Gottlieb Fichte, den Schiller in Stuttgart kennenlernte, würde Mitte Mai in Jena die Nachfolge des Kantianers Reinhold antreten. Vielleicht waren das wichtige Gründe, sich auf den Heimweg nach Jena zu machen, zumal seine Frau Charlotte sich nicht mit Schwaben, den Menschen und dem Land, anfreunden konnte. »Hier im Lande«, so in einem Brief, »möchte ich der Menschen wegen doch nicht wohnen.« Man muss festhalten, dass Cotta wie ein Katalysator auf Schiller wirkte. Er beschleunigte den »Musen-Prozess« durch seine Bereitschaft, die »Horen« zu verlegen. Schillers Ziel war nunmehr nicht nur Jena, sondern in erster Linie Weimar.

1795: Baseler Friede zwischen Preußen und Frankreich. Dritte Teilung Polens. Niger-Expedition: Beginn der Erforschung des inneren Afrikas durch Mungo Park. Jean Pauls »Hesperus«.
1796: Tod von Katharina der Großen, Zarin von Russland. Spanien schließt sich politisch dem revolutionären Frankreich an. Tiecks »William Lovell«.
1797: Friede zu Campoformio: Österreich tritt die Lombardei und Belgien an Frankreich ab. Venedig geht an Österreich. Geburt von Anette Freiin von Droste-Hülshoff, Heinrich Heine und des Schweizer Dichters Jeremias Gotthelf. Kants »Metaphysik der Sitten«. Steindruckverfahren von Aloys Senefelder entwickelt. Friedrich Wilhelm III. von Preußen verschärft die Zensur.
1798: England, Österreich, Russland, die Türkei, die Republik Neapel und der Kirchenstaat führen Krieg gegen Frankreich. Nelson besiegt die französische Flotte bei Abukir. Napoleons Feldzug in Ägypten. Tiecks »Franz Sternbalds Wanderungen«. Brandes und

Die Horen

Am 6. Mai verabschiedete sich Schiller von seinen Eltern und Geschwistern. Die Kutsche verließ Stuttgart Richtung Heilbronn. Über Würzburg ging es weiter nach Meiningen, wo die Familie Schiller für drei Tage Station machte, um die Reinwalds zu besuchen. Charlotte von Kalb hatte von der Ankunft der Schillers gehört und traf ebenfalls dort ein. Am 14. Mai erreichte die Familie schließlich Jena, wo sie ihre neue Wohnung im Unteren Markt Nr. 1 bezog – übrigens ganz in der Nähe der Humboldts. In den folgenden Tagen und Wochen festigte sich die Freundschaft zwischen den beiden Familien, und Schiller konnte Humboldt für sein »Horen-Projekt« gewinnen. Häufig war auch Fichte zu Gast, dessen Antritts-Vorlesung über »Moral für Gelehrte« Schiller besucht hatte. Er selbst betrat das Katheder der Universität nicht mehr, obwohl Vorlesungen über historische und ästhetische Themen angekündigt waren. Außerdem hatte die Universitätsleitung bereits Mitte April in Erwartung weiterer Unpässlichkeiten Schillers Karl Ludwig Woltmann, einen Göttinger Geschichtsprofessor, als Extraordinarius berufen.

Ende Mai hielt sich Cotta häufig in Jena auf, da er während der Leipziger Buchmesse die Gelegenheit nutzte, mit dem Dichter über die verschiedenen gemeinsamen Projekte zu sprechen. Es ging Schiller in erster Linie um die »Horen« und nicht, wie Cotta es favorisierte, um die Redaktion der vom schwäbischen Verleger ins Auge gefassten politischen Tageszeitung. Schiller sagte entschieden und endgültig eine Mitarbeit am politischen Journal ab. Statt dessen konnte er schon drei bedeutende Gelehrte als Mitarbeiter der »Horen« nennen: Woltmann, Fichte und Humboldt. Zu letzterem entwickelte sich eine enge Freundschaft. Beide arbeiteten intensiv am Konzept der literarischen Zeitung. Schließlich konnte der Vertrag mit Cotta abgeschlossen werden. Schiller führte unter der »Ziffer 2« aus:

»Alle darin enthaltenen Aufsätze müssen entweder historischen oder philosophischen oder aestetischen

Inhalts seyn, und auch von den Nichtgelehrten verstanden werden können.«

In Humboldt fand Schiller ein Alter Ego, einen hochgelehrten und sympathischen Freund, der die Ansichten des Dichters teilte, auf dessen Theorien zur Ästhetik und Dichtung einging und ihm die Anregungen vermitteln konnte, die er bei vielen Bekannten und Freunden, besonders in der schwäbischen Heimat, vergeblich gesucht hatte. »Wir sahen uns täglich zweimal, vorzüglich aber des Abends allein und meistenteils bis tief in die Nacht hinein«, schrieb Humboldt später. Die Vertiefung seiner Ideen von der ästhetischen Erziehung führte unter anderem auch dazu, dass Schiller die Arbeit an den »Briefen zur ästhetischen Erziehung« wieder aufnahm.

Um das »Horen-Projekt« voranzutreiben, entschloss man sich, Einladungskarten drucken zu lassen, um Poeten und Gelehrte zur Mitarbeit an der Zeitschrift zu gewinnen. Eine dieser Karten ging an Johann Wolfgang von Goethe nach Weimar, begleitet von einem Brief Schillers, dem ersten an den Dichterkollegen. Er datiert vom 13. Juni 1794:

»Hochwohlgeborner Herr, Hochzuverehrender Herr Geheimer Rat! Beiliegendes Blatt enthält den Wunsch einer, Sie unbegrenzt hochschätzenden Gesellschaft, die Zeitschrift, von der die Rede ist, mit Ihren Beiträgen zu beehren, über deren Rang und Wert nur Eine Stimme unter uns sein kann. Der Entschluss Euer Hochwohlgeboren, diese Unternehmung durch Ihren Beitritt zu unterstützen, wird für den glücklichen Erfolg derselben entscheidend sein, und mit größter Bereitwilligkeit unterwerfen wir uns allen Bedingungen, unter welchen Sie uns denselben zusagen wollen ... Je größer und näher der Anteil ist, dessen Sie unsre Unternehmung würdigen, desto mehr wird der Wert derselben bei demjenigen Publikum steigen, dessen Beifall uns der wichtigste ist.«

Goethes Antwort erfolgte rasch, 11 Tage später:

»Ew. Wohlgeboren eröffnen mir eine doppelt ange-

Benzenberg führen die erste wissenschaftliche Meteorbeobachtung durch. Tod des italienischen Abenteurers Casanova.
1799: Napoleon wird erster Konsul. Tod von George Washington. Geburt von Honoré de Balzac. Hölderlins »Hyperion«. In Berlin wird die erste Dampfmaschine in Betrieb genommen.
1800: Errichtung des »Vereinigten Königreichs Großbritannien und Irland«. Nach dem Tod seiner Braut dichtet Novalis die »Hymnen an die Nacht«. Alessandro Volta entdeckt das erste elektrische Element. Briefpost in Berlin eingeführt.
1801: Friede zu Lunéville zwischen Österreich und Frankreich: Frankreich erhält linkes Rheinufer und Vorherrschaft in Italien. Bayern tritt die Rheinpfalz an Österreich ab. Thomas Jefferson wird Präsident der USA. Geburt von Christian Dietrich Grabbe.
1802: Napoleon lässt sich zum Konsul auf Lebenszeit wählen. Im Frieden zu Amiens gibt England überseeische Kolonien an Frankreich zurück. Geburt von Wilhelm Hauff.

Wilhelm Freiherr von Humboldt, Bleistiftzeichnung.

nehme Aussicht, sowohl auf die Zeitschrift, welche Sie herauszugeben gedenken, als auf die Teilnahme, zu der Sie mich einladen. Ich werde mit Freuden und mit ganzem Herzen von der Gesellschaft sein.«

Im weiteren Verlauf des Briefs kündigte Goethe an, dass er von den noch »ungedruckten Sachen« einiges anbieten könnte, und dass er ferner glücklich sei, manches, »was bei mir ins Stocken geraten ist, wieder in einen lebhaften Gang (zu) bringen.« Der Brief endet mit den Worten: »Ich hoffe bald mündlich hierüber zu sprechen und empfehle mich Ihnen und Ihren geschätzten Mitarbeitern aufs beste.«

Goethe war für das Unternehmen gewonnen, und Schiller sah sich unvermittelt in die Nähe des großen Mannes aus Weimar gerückt. Aber auch Goethe war zufrieden über den neu belebten Kontakt zum Dichter aus Jena.

Bald sagten Herder und August Wilhelm Schlegel ihre Mitarbeit zu. Alexander, der Bruder Wilhelm von Humboldts, war ebenfalls bereit, an der Zeitschrift mitzuwirken. Cotta war begeistert und hoffte insgeheim, dass Konkurrenz-Journale wie Wielands »Merkur« oder Göschens »Neue Thalia« nach dem Erscheinen der »Horen« von der verlegerischen Bühne verschwinden würden. Eine nicht ganz geheime Hoffnung, denn er bat Schiller, beim alten Wieland vorzufühlen, ob der noch am »Merkur« weiterarbeiten wolle. Wieland wollte und sah der Herausgabe von Cottas Journal gelassen entgegen. Seine Einschätzung erwies sich als richtig: Der »Merkur« überlebte die »Horen« um dreizehn Jahre. Anders verhielt es sich mit Göschens Zeitschrift, die deutlich an Popularität einbüßte und im Februar 1795 zum letzten Mal ihr Publikum erreichte. Immerhin hatte sich Schiller, der nach wie vor Göschen freundschaftlich verbunden blieb, zehn Jahre lang für die »Neue Thalia« engagiert. Göschen und Cotta hatten in der Folgezeit manchen Strauß auszufechten. Es fielen böse Worte, und Schiller musste beschwichtigend einschreiten, wollte er doch den alten Freund nicht verlieren und ein entspanntes Verhältnis zu Cotta gewahrt wissen.

Ob Schiller den Erfolg der »Horen« anzweifelte? In einem Brief an Cotta betonte er ausdrücklich, dass »die Zerstreuung eines Buchs durch die Welt« fast ebenso schwierig sei »als die Verfertigung desselben«. Nun müsse sich Cotta endgültig dafür oder dagegen entscheiden. Wenn er aber erst über den Rubikon gegangen sei, »... so erwarten Sie von unsrer Seite allen Menschenmöglichen Eifer.«

Ohne zu zögern antwortete Cotta:

»Da ich schon öfters über den Rubikon gegangen bin, so bin ich nicht mehr so schüchtern, und bei dieser Unternehmung finde ich den Gang ohnedies nicht sehr gefährlich.«

Der Erfolg blieb mäßig. Das Publikum reagierte verhalten auf das Journal. Schiller resignierte bereits im ersten Erscheinungsjahr und malte Cotta das bevorstehende Ende der »Horen« an die Wand. Der erwiderte tröstend, dass sich die Situation gegen Ende des Jahres verbessern würde. Schiller solle den Mut nicht verlieren.

Es war nicht allein die verhaltene und teilweise abweisende Reaktion des Publikums, die Schiller den Mut nahm. Es war seine Gesundheit.

Johann Wolfgang von Goethe in der Campagna bei Rom. Ölgemälde von Johann Heinrich Wilhelm Tischbein, 1787.

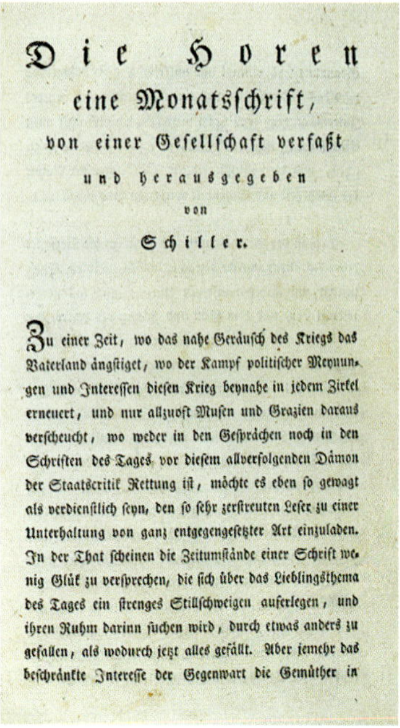
Die Horen
eine Monatsschrift,
von einer Gesellschaft verfaßt
und herausgegeben
von
Schiller.

Zu einer Zeit, wo das nahe Geräusch des Kriegs das Vaterland ängstiget, wo der Kampf politischer Meynungen und Interessen diesen Krieg beynahe in jedem Zirkel erneuert, und nur allzuoft Musen und Grazien daraus verscheucht, wo weder in den Gesprächen noch in den Schriften des Tages vor diesem allverfolgenden Dämon der Staatscritik Rettung ist, möchte es eben so gewagt als verdienstlich seyn, den so sehr zerstreuten Leser zu einer Unterhaltung von ganz entgegengesetzter Art einzuladen. In der That scheinen die Zeitumstände einer Schrift wenig Glük zu versprechen, die sich über das Lieblingsthema des Tages ein strenges Stillschweigen auferlegen, und ihren Ruhm darinn suchen wird, durch etwas anders zu gefallen, als wodurch jezt alles gefällt. Aber jemehr das beschränkte Interesse der Gegenwart die Gemüther in

Heft 1 der von Schiller herausgegebenen »Horen«.

Die theoretische Abhandlung zählt zu den interessantesten und bedeutendsten Beiträgen in den »Horen«. Die Entstehungsgeschichte ist verwickelt und zog sich über mehrere Jahre vom Frühjahr 1792 bis Ende 1794 hin. Die Kallias-Briefe an Körner und die Briefe an Herzog Friedrich Christian von Schleswig-Holstein-Augustenburg (siehe S. 109 f.) bilden die Grundlage. Die Kallias-Briefe an Körner stellte Schiller aus Gesundheitsgründen bald wieder ein. Die ersten sieben Briefe an den Herzog wurden durch einen Brand des königlichen Schlosses in Kopenhagen vernichtet. Mit Hilfe des Herzogs wurden die Briefe rekonstruiert und zusammen mit den Kallias-Briefen überarbeitet.

Am 3. Februar 1794 äußerte sich Schiller über die theoretischen Perspektiven seiner Brief-Konzeption:

»Über den Begriff der Schönheit habe ich mich noch gar nicht eingelassen und bin auch jetzt noch nicht so weit, weil ich erst eine allgemeine Betrachtung über den Zusammenhang der schönen Empfindungen mit der ganzen Kultur und überhaupt über die ästhetische Erziehung des Menschen voranschickte.«

Danach, so Schiller, wird es erforderlich sein, von der Theorie des Schönen auf die Beurteilung und Erzeugung des Schönen zu sprechen zu kommen. Was kann man von einer Theorie des Schönen hinsichtlich der Kunstproduktion erwarten? Die »schöne Kunst« ist zunächst technischen und nicht ästhetischen Regeln unterworfen, da es um die künstlerische Produktion geht. Schönheit ist nichts anderes als eine Eigenschaft der Ausführung eines Kunstwerkes. Somit kann das Wesen des Schönen weder aus der Produktion noch aus der Erfahrung gewonnen, sondern nur als Idee vorgestellt werden. Dieser sich anzunähern ist die bleibende Aufgabe der Kunst.

Im Gegensatz zu Kant, der die Pflicht zum sittlichen Handeln und die Neigung, die sinnliche Welt zu erfahren, als unversöhnlichen Gegensatz definiert, versucht Schiller das Geistige mit dem Sinnlichen durch Kunst zu vermitteln. Dieses werde ermöglicht durch den Trieb des Menschen, zu formen und zu spielen. Auf diesem Wege – und es ist für Schiller der einzig denkbare Weg – wird es möglich sein, den sinnlichen Menschen über das Ästhetische vernünftig zu machen: »Der Mensch ist nur dann ganz Mensch, wenn er spielt.«

»Die Horen«, herausgegeben von Friedrich Schiller, verlegt von J.F. Cotta von 1795–97
Das Journal erschien am 15. Januar 1795 in einer Auflage von 1500 Exemplaren. Anfang März wurden weitere 500 Exemplare nachgedruckt. Jeder Jahrgang bestand aus zwölf Stücken in vier Bänden zu je drei Stücken. Drei Jahrgänge sind herausgekommen, also 36 Hefte in 12 Bänden. Der erste Band enthielt unter anderem den Anfang von Goethes »Unterhaltung deutscher Ausgewanderten«, Schillers »Über die ästhetische Erziehung des Menschen« (Brief 1–9) und Fichtes »Über Belebung und Erhöhung des reinen Interesses für Wahrheit«. Auch in den übrigen Heften dominierten große Namen. Goethe, Herder, Fichte, Schlegel oder die Brüder Humboldt waren mit Beiträgen vertreten. Goethes Übersetzung des Benvenuto Cellini und Schillers Gedicht »Das verschleierte Bild zu Sais« erreichten in den »Horen« erstmals ihre Leser. Auch Hölderlin publizierte zwei Gedichte, »Der Wanderer« und »Die Eichbäume«. August Wilhelm Schlegel trat mit seinen Shakespeare-Übersetzungen hervor. Das zwölfte Stück der »Horen« des Jahrgangs 1797 kam Anfang Juni 1798 heraus. Mit diesem Journal wurde die Herausgabe eingestellt.

Wir können ergänzen, dass erst der spielende Mensch frei ist.
Der Begriff der Freiheit hat viele Berührungspunkte mit dem Ästhetischen. Nicht nur das Vernünftige, sondern auch das Sinnliche ruft nach Freiheit, gerade dann, wenn der Mensch das Vermögen verspürt, zwischen dem sinnlichen und der Vernunft zu wählen. Das Ideal ist erreicht, wenn im »schönen Dasein« Sinnlichkeit und Vernunft zur Übereinstimmung gekommen sind.
Doch das Schöne allein reicht nicht aus, um den Menschen sittlich handeln zu lassen:

»... so muss das Erhabene zu dem Schönen hinzukommen, um die ästhetische Erziehung zu einem vollständigen Ganzen zu machen und die Empfindungsfähigkeit des menschlichen Herzens nach dem ganzen Umfang unsrer Bestimmung, und also auch über die Sinnenwelt hinaus, zu erweitern.«

Der Weg führt über die Sinnenwelt hinaus in die Welt des Geistes und damit in das Herz unserer Bestimmung, zur Freiheit.

Die Sinnenwelt berührt nicht nur unseren Verstand, sondern auch das Gefühl. Vernünftiges, d. h. sittliches Handeln wird gleichermaßen von der Erkenntnis und Empfindung begleitet.

Monat um Monat musste er ein neues Blatt vorlegen, und Monat um Monat fürchtete er um sein Wohl. Fieberanfälle kamen und gingen. Nach einem besonders heftigen Katarrhfieber klagte er Herder: »Nachdem ich mich wieder anfing zu erholen, fiel die Last der Horen mit solchem Druck auf mich, dass ich kaum Athem schöpfen konnte.«

Der Weg zu Goethe

Goethe und Schiller im Gespräch, karikaturistische Federzeichnung nach J. Chr. Reinhardt 1804.

Die Arbeit an den »Horen« führte Schiller und Goethe zusammen. Der Freundschaftsbund wurde geschlossen und hielt zehn Jahre – so lange hatte Schiller noch zu leben.

Nicht nur Schiller erwartete mit Spannung die Begegnung mit Goethe, sondern auch umgekehrt: Der Weimarer Geheime Rat suchte nun selbst, die persönliche Bekanntschaft mit Schiller zu vertiefen. Wenige Tage nach seinem ersten Brief an Schiller schrieb er an Charlotte von Kalb: »Noch muss ich sagen, dass seit der neuen Epoche auch Schiller freundlicher und zutrau licher gegen uns Weimaraner wird, worüber ich mich freue und in seinem Umgang manches Gute hoffe.«

Was mochte mit »neuer Epoche« gemeint sein? Womöglich die neue, vom Kalender der französischen Republik verkündete Zeit. Wahrscheinlicher ist, dass die »neue Epoche« sich auf das Kippen der Revolution in das Pariser Terrorregime bezog, das Goethe und Schiller gleichermaßen mit Abscheu verfolgten. Das lag nun weit über ein Jahr zurück, doch eine Annäherung der beiden Dichter war damals nicht möglich. Goethe weilte in Mainz, und Schiller hielt sich in Württemberg auf. Die Gründung einer Zeitschrift, die sich zum Ziel gemacht hatte, das von Schiller verkündete neue Menschheitsideal (»Über Anmut und Würde«) im Zusammenhang mit der Sehnsucht nach einer konkreten Vernunft-Republik (siehe S. 110) zu proklamieren, könnte sich ebenfalls auf die »neue Epoche« beziehen, da mit ziemlicher Sicherheit vorauszusetzen ist, dass Goethe Schillers poetische Wege von Weimar aus aufmerksam verfolgt hatte.

Goethe schlug also vor, gemeinsam mit den Freunden die Redaktionspolitik der »Horen« zu diskutieren. Am Sonntag, den 20. Juli 1794 ergab sich ein günstiger Termin: Goethe hatte der Naturforschenden Gesellschaft in Jena einen Vortrag zugesagt. Schiller, dessen Interesse für Botanik mäßig war, hörte sich Goethes Ausführungen an. Danach spazierte man zusammen über den Marktplatz. Schiller nahm den Gedanken der Metamorphose der Pflanze begierig auf und sprach begeistert von der »Idee der Metamorphose«, was Goethe schroff zurückwies, da für ihn die Metamorphose keine »Idee« sei, sondern etwa Konkretes, etwas sichtbar Nachweisbares. Schiller schlug vor, die Kontroverse in seiner Wohnung weiterzuverfolgen. Goethe willigte ein, und man kam sich im Gespräch näher. Die nächsten beiden Tage hielt sich Goethe in Jena auf. Man traf mit den Freunden zusammen. Bei den Humboldts zusammen mit Goethe zum Abendessen eingeladen, lenkte Schiller das Gespräch auf seine Vorstellungen von Kunst und Kunsttheorie im Zusammenhang mit der Philosophie von Kant. Erfolgreich bewog er Goethe zu einer ausführlichen Stellungnahme. So begann für

Schiller, die Brüder Humboldt und Goethe in Jena. Holzschnitt von 1797.

beide Dichter, die auf poetisch wenig ertragreiche Jahre zurückblickten, ein folgenreicher literarischer Austausch.

Der Gedankenaustausch fand vorwiegend in brieflicher Form statt – auch als die Schillers später nach Weimar in die unmittelbare Nähe Goethes gezogen waren. Übrigens lebte der Geheime Rat in einer außerehelichen, aber still geduldeten Liaison mit Christiane Vulpius zusammen. Sie hatten seit 1789 den gemeinsamen Sohn August. Neben den Werken der beiden Dichter gehört der Briefwechsel zu den fesselndsten literarischen Zeugnissen deutscher Sprache. Im ersten Brief, den Schiller nach dem Treffen in Jena an Goethe richtete, stehen die aufrichtigen, frei von jeder Schmeichelei gehaltenen Zeilen:

»In Ihrer richtigen Intuition liegt alles und weit vollständiger, was die Analysis mühsam sucht, und nur weil es als ein Ganzes in Ihnen liegt, ist Ihnen Ihr eigener Reichtum verborgen.«

Goethe fühlte sich verstanden. Vielleicht war Schiller der einzige aus dem Poetenkreis, der tatsächlich begriff, was den Dichter aus Weimar beschäftigte und wie er seinen Kunstbegriff zu definieren versuchte.

Briefwechsel: Goethe–Schiller
Vom 13. Juni 1794 bis zum 27. April 1805, also bis kurz vor Schillers Tod, wechselten 1011 Briefe zwischen den Dichtern. In ihnen ist der wechselseitige Einfluss auf ihr poetisches und theoretisches Schaffen dokumentiert. Herausragend ist die Rolle Schillers als Kunstrichter, der die Umarbeitung des »Wilhelm Meister«, die Fortführung des »Faust-Projekts« und die Entstehung des Versepos »Hermann und Dorothea« konstruktiv begleitete. Ein Produkt der engen Zusammenarbeit waren ferner die »Xenien« und die Balladen des sogenannten »Balladenjahres« von 1797 (»Der Zauberlehrling«). Erschütternd aber auch zugleich aufschlussreich für die Biografie Schillers ist die in den Briefen enthaltene Chronik seiner labilen Gesundheit. Immer wieder musste er wegen heftiger Fieberanfälle seine Arbeit unterbrechen. Er ergriff sofort die Feder, wenn sich sein Zustand etwas gebessert hatte. Im letzten Lebensjahrzehnt brachte Schiller eine gewaltige Energieleistung auf, um seiner Krankheit die kostbaren Schaffens-Stunden abzuringen.

Das Ideal und das Leben
Nur dem Ernst, den keine Mühe bleichet,
Rauscht der Wahrheit tief versteckter Born,
Nur des Meißels schwerem Schlag erweichet
Sich des Marmors sprödes Korn.

Aber dringt bis in der Schönheit Sphäre,
Und im Staube bleibt die Schwere
Mit dem Stoff, den sie beherrscht, zurück.
Nicht der Masse qualvoll abgerungen,
Schlank und leicht, wie aus dem Nichts entsprungen,
Steht das Bild vor dem entzückten Blick …

Dankbar antwortete Goethe postwendend und unterstrich das Aufkeimen der gemeinsamen Freundschaft:

»Ich darf nunmehr Anspruch machen, durch Sie selbst mit dem Gang Ihres Geistes, besonders in den letzten Jahren, bekannt zu werden. Haben wir uns wechselseitig die Punkte klar gemacht, wohin wir gegenwärtig gelangt sind, so werden wir desto ununterbrochener gemeinschaftlich arbeiten können.«

Nun ging auch Schiller den Weg von der ästhetischen Theorie zur poetischen Praxis. Er wollte wieder »unter die Dichter gehen«, wie er Goethe mitteilte. Anlass war die Herausgabe eines Musenalmanachs, über die er mit dem Neustrelitzer Verleger Michaelis verhandelt hatte. Das Honorar von jährlich 300 Reichstalern war Schiller willkommen, da die von seinen dänischen Freunden auf drei Jahre befristete Pension ablief.

Dass Schiller fortan seine eignen Gedichte in diesem Almanach publizieren wollte, lag auf der Hand. Nun galt es, Gedichte zu verfassen, das letzte, »Die Künstler«, lag schon sieben Jahre zurück. Sein Gedicht »Das Ideal und das Leben« entstand im Sommer 1795. Damit war der »theoretische Ring« durchbrochen, und es begann die Zeit freien dichterischen Schaffens.

Da Schiller mit den »Horen« beschäftigt war und viele Gedankenskizzen aus den »ästhetischen Briefen« an

Mein Glaube.
Welche Religion ich bekenne? Keine von allen,
Die Du mir nennst! »Und warum keine?« Aus Religion.
(Xenie, wahrscheinlich Schiller zuzuschreiben, der sich gegen den Vorwurf des Heidentums verteidigte)

den dänischen Herzog und an Körner noch nicht verarbeitet waren, entschloss er sich zu einer Abhandlung über »Das Naive«. Einen »kleinen Traktat« über dieses Thema erwähnte er bereits im Jahre 1793. Zwei Jahre später, im September 1795, nahm er diese Arbeit wieder auf und veröffentlichte sie unter dem Titel »Über das Naive« in den »Horen«. Im Januar des nächsten Jahres folgte der »Beschluss der Abhandlung über naive und sentimentalische Dichter, nebst einigen Bemerkungen einen charakteristischen Unterschied unter den Menschen betreffend«.

Gegen Ende des Jahres 1796 fassten Goethe und Schiller den Entschluss, kurze und prägnante Epigramme zu verfassen, die sie »Xenien« nannten. Sie verfolgten damit zwei Absichten: Zum einen wollten sie ihrem Gedankenaustausch in pointiert-artistischer Weise

Über naive und sentimentalische Dichtung
Mit diesem Titel wurden die in den Horen erschienenen Aufsätze zum »Naiven« und »Sentimentalischen« in den zweiten Band der »Kleineren prosaischen Schriften« von 1800 aufgenommen.
Das Gegensatzpaar »naiv« und »sentimentalisch« umschrieb Schiller in seinem Geburtstagsbrief an Goethe vom 23. August 1974 mit »intuitiv« und »spekulativ«. Naive Dichtung sah er in der Antike verwirklicht, wo der Dichter mit der Natur eins ist. Sentimentalisch wird in der Moderne gedichtet, da die Einheit von Dichtung und Natur verlorengegangen ist. Deswegen versuchen sich die sentimentalischen Dichter, in der »Darstellung des Ideals« zu verwirklichen. Schiller bezeichnete sich selbst als einen Vertreter der sentimentalischen Dichtung. Goethe hingegen nannte er einen »naiven Dichter«, der die »möglichst vollständige Nachahmung des Wirklichen« zu erstreben versuchte.

Ausdruck verleihen und zum anderen dem mangelnden Verständnis des Publikums gegenüber den »Horen« in ironisch-satirischer Weise begegnen. Es lag ihnen daran, ein gemeinsames dichterisches Produkt zu schaffen. »Bei aller ungeheuren Verschiedenheit zwischen Goethe und mir«, schrieb Schiller an Humboldt, »wird es selbst Ihnen öfters schwer und manchmal gewiss unmöglich sein, unsern Anteil an dem Werk zu sortieren.«

Die Dichter ließen sich vom Augenblick, der Tagesaktualität oder der politischen Situation leiten.

Über zwei Jahrzehnte nach Schillers Tod sprach Goethe zu Eckermann von der »Xenien-Zeit«: »Wir haben viele Distichen gemeinsam gemacht, oft hatte ich den Gedanken und Schiller machte die Verse, oft war das Umgekehrte der Fall, und oft machte Schiller den einen Vers und ich den anderen. Wie kann nun da von Mein und Dein die Rede sein!« Viele der Xenien entstanden am »runden Stein« im Pavillon von Schillers Jenaer Gartenhaus.

Der Pavillon im Garten von Schillers Gartenhaus in Jena. »An diesem alten Steintisch haben wir oft gesessen und manches gute und große Wort miteinander gewechselt.« Goethe zu Eckermann 1827.

Die Arbeit an den Xenien gestaltete sich als unterhaltsames und zuweilen auch lustiges Unternehmen. Doch schien Goethe seinen Freund des öfteren an seine dramatischen Aufgaben gemahnt zu haben. Während der Xenien-Zeit tauchte der Plan zum »Wallenstein« erneut auf, doch dieses Mal intensiver und dringender als zuvor. Schiller sprach von der Sehnsucht nach einem »betastlichen Objekt« und meinte damit den Plan zum »Wallenstein«. Dass er damit »in Goethes Gebiet« gerate und sich mit ihm messen

Johann Wolfgang von Goethe und Friedrich Schiller, Xenien. In Schillers Musenalmanach für das Jahr 1797
Unter »Xenien« verstanden die Dichter Epigramme in Form von Distichen. Hierbei handelt es sich um Verspaare, die aus je einem Hexameter und einem Pentameter bestehen. Goethe und Schiller übernahmen den Begriff vom römischen Satiriker Martial, der damit Begleitverse zu Gastgeschenken bezeichnete, die den nicht an der häuslichen Tafel geladenen Gästen überreicht wurden.

müßte, war ihm klar, wie er Humboldt schrieb: »... auch ist es ausgemacht, dass ich hierin neben ihm verlieren werde.« Am 22. Oktober vermerkte er stolz in seinem Kalender: »An den Wallenstein gegangen«. Doch schon am folgenden Tag teilte er Goethe mit, dass er mit der Arbeit zögere und »auf eine mächtige Hand« warte, die ihn im Studierzimmer fest- und zur Arbeit anhielt. Vielleicht war es Goethe, der ihn ermunterte, vielleicht auch Cotta, der mit Honoraren lockte und dem Schiller den »Wallenstein« für den Sommer 1797 »in gewisse Aussicht« stellte. Ende Oktober glaubte Schiller, aufatmen zu können. Nach einem sorgfältigen und intensiven Quellenstudium nahm er an, spätestens nach drei Monaten mit der Ausführung beginnen zu können. Doch der historische Stoff dünkte ihn zu spröde. Er zweifelte an der dramatischen Umsetzung der politischen Handlung. Resignierend wandte er sich an Körner: »Mit einem Wort, es ist

Im Musenalmanach veröffentlichten Schiller und Goethe unter anderem die »Xenien«.

mir fast alles abgeschnitten, wodurch ich diesem Stoffe nach meiner gewohnten Art beikommen könnte.«

Zwischen den Xenien und dem Wallenstein-Stoff lag ein Abgrund, den poetisch zu überbrücken Schiller zunächst unmöglich erschien. Dagegen konnte er im Diskurs mit Goethe einen eleganten Bogen von den Epigrammen zu den im Jahre 1797 entstandenen Balladen ziehen.

Er dichtete unter anderem die berühmten Balladen »Der Taucher«, »Der Ring des Polykrates« und »Die Kraniche des Ibykus« (s. Seite 168 f.). Besonders die zuletzt genannte Ballade war Gegenstand der Erörterung zwischen den beiden Dichtern. Das Feilen an der Motivik, den dramatischen Wendungen und den Bildern, kurz, an der gesamten Komposition nahm viele Abende und Briefseiten in Anspruch. Schließlich war man sich einig, wie die Geschichte vom Mord an dem Sänger in Szene gesetzt werden sollte.

Wallenstein

In diesem Jahr 1797, das später das »Balladenjahr« genannt wurde, dichtete Goethe seinen »Zauberlehrling«. Der Frühling begann für die Familie Schiller verheißungsvoll und war der poetischen Gestaltung der Xenien und Balladen sicherlich zuträglich: Am 2. Mai zog die Familie in das Jenaer Gartenhaus an der Leutra außerhalb der Stadt, das Schiller nach einem großzügigen Vorschuss auf den »Wallenstein« hatte kaufen können. Mittlerweile war im Jahr zuvor ein zweites Kind, der Sohn Ernst Friedrich Wilhelm, zur Welt gekommen. Charlotte konnte sich nun mit den Kindern im ersten Stock behaglich einrichten, und Schiller bezog die Mansarde mit einem größeren Raum und einem kleinen Zimmer. Heiter teilte Charlotte ihrer Schwägerin nach Meiningen mit: »Schiller hat sich doch an die Luft gewöhnt und geht alle Tage in den Garten; darüber bin ich sehr froh, und es wird einen guten Einfluss auf seine Gesundheit haben.«

Schillers Sohn Ernst Friedrich Wilhelm, geboren am 11. Juli 1796, Federzeichnung von 1801.

Schillers Garten in Jena.

Das sogenannte »Balladenjahr« 1797 darf nicht darüber hinweg täuschen, dass Schiller mit dem »Wallenstein«-Stoff regelrecht kämpfte. Immerhin konnte er schon Ende Mai Goethe das Vorspiel »Wallensteins Lager« vorlesen – einen ersten Entwurf, der später um das Doppelte anwuchs und damals noch den Titel »Die Wallensteiner« trug. Goethe sprach sich dafür aus, eine Dreiteilung des umfangreichen Stoffes vorzunehmen. Das beherzigte Schiller und schrieb später an Körner, dass »... ohne diese Operation der Wallenstein ein Monster« geworden wäre.

Jena, Gartenhaus. In diesem Häuschen gegenüber dem Wohnhaus schrieb Schiller an seinem »Wallenstein«.

Die heiteren Frühlingstage im neuen Gartenhaus und die fortschreitende Arbeit am »Wallenstein« wurden getrübt durch das Zerwürfnis mit den Gebrüdern Schlegel. Friedrich Schlegel, Bruder von August Wilhelm, einem eifrigen Mitarbeiter der »Horen«, kritisierte öffentlich das Überhandnehmen von Übersetzungen in den »Horen«. Das ging gegen die »Dante- und Shakespeare-Übersetzungen« seines Bruders – der konnte die Kritik verschmerzen – und gegen Goethes »Cellini-Übersetzung«. Schiller reagierte gereizt und sagte sich von August Wilhelm Schlegel los. Damit war der Bruch mit dem Schlegel-Kreis vollzogen. Die Kritik Friedrichs, den Schiller einen »kalten Witzling« nannte, bedeutete nur das Finale langer unangenehmer Auseinandersetzungen. Schillers Frau Charlotte wurde von den Schlegels wenig geschätzt. Karoline Schlegel begegnete ihr mit kühler Abneigung. Zu weiteren Animositäten kam es, nachdem Goethe sich immer enger an Schiller angeschlossen hatte. Diese geballte poetische Macht mochte die Schlegels verunsichert haben, was vielleicht grundlos war, da Goethe mehrmals versuchte, im Streit vermittelnd einzugreifen.

Schillers Arbeits- und Wohnzimmer im Jenaer Gartenhaus.

Am 12. Oktober 1798 wurde der Prolog »Wallensteins Lager« zur Feier der Eröffnung des Weimarer Theaters uraufgeführt. Der Erfolg war überwältigend, doch der Beifall rauschte an Schiller vorbei, da er sich sogleich nach der Aufführung auf den Weg nach Jena machte, um die »Piccolomini« fertig zu stellen. Zwischenzeitlich besprachen sich Goethe und Schiller über die Bühnenwirksamkeit der entstehenden Trilogie. Goethe deutete an, dass die Schauspieler diese neuartigen Rollen dankbar angenommen hätten, doch wäre es für das Publikum noch erfreulicher, eine Steigerung dramatischer Effekte zu erleben. Schiller nahm sich für die

Das Alte Hoftheater in Weimar. Kupferstich um 1800.

weitere Arbeit vor, »auf den deutlichen Theaterzweck« hinzuarbeiten und die Texte »in eine angemessene, deutliche und maulgerechte Theatersprache« zu übertragen.

Nicht nur Goethe, sondern auch Intendanten, Verleger und Höflinge drängten Schiller, die »Piccolomini« und »Wallensteins Tod« zügig fertig zu stellen, denn am 30. Januar des folgenden Jahres stand der Geburtstag der Herzogin Luise bevor. An diesem Tag sollten »Die Piccolomini« aufgeführt werden. Auch August Wilhelm Iffland, der von Mannheim bekannte Schauspieler, der seit 1796 Direktor des Berliner Nationaltheaters war, drängte den Dichter, die Trilogie abzuschließen.

Offensichtlich waren die wichtigsten Arbeiten im Dezember beendet, denn am Weihnachtsabend meldete Schiller an Goethe: »Iffland hat mich so tribuliert und gequält zu eilen, dass ich heute meine ganze Willenskraft zusammennahm und das Werk wirklich zustande brachte.«

Das Alte Hoftheater in Weimar mit Blick in den Zuschauerraum von 1798. Rekonstruktionszeichnung von Pretzsch, 1959.

Anfang Januar 1799 reiste Schiller nach Weimar, um zusammen mit Goethe die Proben zu leiten. Dort blieb er bis zur Aufführung am 30. Januar 1799. Zusätzlich zu den »Piccolomini« wurden auch die ersten beiden Akte von »Wallensteins Tod« gezeigt.

Die drei letzten noch zu schreibenden Akte von »Wallensteins Tod« gingen ihm schnell von der Hand. Am 17. März konnte er das vollständige Manuskript an Goethe senden. Am 20. April wurde »Wallensteins Tod« am Weimarer Hoftheater uraufgeführt.

Der Erfolg war gewaltig. Der Herzog beglückwünschte den Dichter und ließ stolz wissen, dass Schillers Stern fortan in deutschen Landen und weit darüber hinaus leuchten werde. Er würde es begrüßen, wenn Schiller sich entscheiden könnte, nach Weimar zu ziehen. In London bemühte man sich um die Übersetzungsrechte, und von auswärtigen Bühnen wurden ungewöhnlich hohe Honorare angeboten. Schiller selbst war ebenfalls von der Aufführung begeistert – wohl gemerkt, von der Aufführung: »Durch eine solche Aufführung lernt man erst sein eigenes Stück kennen; es erscheint veredelt durch die Darstellung, es ist, so ausgesprochen, besser, als ich es schrieb.« Und seine Frau Charlotte schrieb später an die Schwägerin Christophine: »Mich selbst hat die Vorstellung so gerührt, dass ich mich nicht zu fassen wusste; ob ich gleich alles kannte und Schiller es mir mehr als einmal gelesen hatte, so war der Effekt derselbe, als ob ich es zuerst dargestellt sähe.«

Über hundert Briefe, die den »Wallenstein« betrafen, wechselten zwischen Goethe und Schiller. Goethe erschien während der Aufführung des letzten Teils der Trilogie, so ist überliefert, immer wieder in der Loge Schillers. Er war nicht aufgeregt, aber tief zufrieden. Später nannte er es »ein unschätzbares Geschenk« für die deutsche Bühne.

»Wallensteins Tod«: Freie Bühnendarstellung ohne szenischen Zusammenhang: Thekla und Seni.

Ein dramatisches Gedicht, bestehend aus:
Wallensteins Lager, Vorspiel, 1 Akt.
Die Piccolomini, Schauspiel, 5 Akte.
Wallensteins Tod, Tragödie, 5 Akte.
Erstaufführungen im Weimarer Hoftheater:
Wallensteins Lager, 12. Oktober 1798.
Die Piccolomini, 30. Januar 1799.
Wallensteins Tod, 20. April 1799.

Inhalt

Wallensteins Lager

Wallenstein, Herzog von Friedland und populärster Feldherr des Dreißigjährigen Krieges, wird als verwegener Mann vorgestellt. Nur sein Lager kann den Charakter, seinen Aufstieg und Fall erklären. Ein riesiges Heer, bestehend aus Soldaten aller Herren Länder, liegt vor Pilsen in Böhmen. Sie sind ihrem Feldherrn Wallenstein treu ergeben und wollen ihm in geschlossener Formation dienen, obwohl der Kaiser in Wien andere Pläne hat. So wird der Konflikt vorbereitet, der Abfall des Feldherrn vom Kaiser. Mit dem auf den Fortgang des Dramas einstimmenden Reiterlied schließt das Vorspiel: »Wohlauf, Kameraden, aufs Pferd, aufs Pferd!«

Die Piccolomini

Kriegsrat von Questenberg wird vom Kaiser ins Lager geschickt, um die Stimmung im Heer zu erkunden. Erschrocken stellt er fest, dass die Soldaten und die meisten Generäle dem Feldherrn treu ergeben sind – treuer als dem Kaiser in Wien. Unter den kaisertreuen Generalen tut sich Octavio Piccolomini hervor, der zugleich das unbedingte Vertrauen Wallensteins besitzt. Octavios Sohn Max, ein »Kind des Krieges« und glühender Verehrer Wallensteins, trifft als Reisebegleiter der Herzogin von Friedland und ihrer Tochter Thekla ein. Wallenstein wird von seinen vertrautesten Freunden gewarnt, Octavio nicht zu trauen und sich vom Kaiser abzuwenden. Doch Wallenstein zaudert und wartet, bis »die rechte Sternenstunde« angebrochen sei.

Noch einmal trägt Questenberg die kaiserliche Forderung vor, die Armee zu spalten, um ihr die Möglichkeit selbstständigen Agierens zu nehmen. Wallenstein ist dem Wiener Hof zu mächtig geworden. Zum Schein willigt Wallenstein ein und deutet an, abzudanken. Die Offiziere protestieren heftig und schließen sich noch enger an den Feldherrn an. Sein Freund, Feldmarschall Illo, bereitet eine schriftliche Erklärung vor, der zufolge die Offiziere sich ihrem Feldherrn verpflichten. Dieser Eid soll auf einem eigens anberaumten Bankett erfolgen.

Thekla, Wallensteins Tochter, hat sich in Max Piccolomini verliebt, und dieser erwidert ihre Gefühle. Beide glauben, im Lager keine Freunde zu finden. Während des Banketts unterzeichnen die Offiziere den Treueid, auch Octavio, der jedoch später in der Nacht seine Pläne dem Sohn offenbart. Wallenstein plane den Verrat am Kaiser, und er, Octavio Piccolomini, werde zum Nachfolger des Feldherrn ernannt. Max entscheidet sich für Wallenstein.

Wallensteins Tod

Wallenstein und sein Astrologe Seni befragen die Sterne. Die Planeten Jupiter, Mars und Venus stehen günstig, so Seni. Eine Entscheidung muss fallen. Doch wiederum zögert Wallenstein. Erst als der schwedische Oberst Wrangel ihm die politische Situation darlegt und ihm die böhmische Königskrone verspricht, wenn er sich öffentlich vom Kaiser lossagt und Eger und Prag für Schweden räumt, willigt er in das Bündnis mit den Schweden ein. Zuvor ermutigte ihn die Gräfin Terzky zu diesem Schritt, die den Hochverrat am Kaiser als Notwehr interpretiert.

Verzweifelt versucht Max, Wallenstein umzustimmen. Er dürfe nicht zum Verräter an dem Kaiser werden, dem er Treue geschworen hat. Doch Wallenstein bleibt bei seinem Entschluss und lehnt eine Vermittlung von Max beim Kaiser ab. Octavio, dem Wallenstein immer noch vertraut, ist es inzwischen gelungen, die Generäle Buttler und Isolani auf seine Seite zu ziehen. Die Schlinge um Wallenstein beginnt sich zuzuziehen. Buttler erklärt sich zum Mord bereit. Auch eine letzte Aussprache zwischen Max und seinem Vater bringt keine Lösung.

Die meisten Truppen sagen sich von Wallenstein los, und der Verrat Octavios wird ruchbar. Doch glaubt Wallenstein, mit Hilfe der schwedischen Truppen, die bald zu ihm stoßen werden, seine Machtposition wieder festigen zu können.

Max, erschüttert von der »Doppelschuld« der Väter, entschließt sich, die Entscheidung seines Handelns Thekla zu überlassen: Soll er gegen seinen Vater oder gegen den Vater seiner Geliebten ziehen? Mit dem Wort »Uns trennt das Schicksal, unsre Herzen bleiben einig« erinnert sie ihn an seine Pflicht gegenüber dem Kaiser. Max hält zum Kaiser und fällt in der Schlacht zwischen den siegreichen Schweden und den Pappenheimern. Wallenstein zieht in Eger ein. Buttler beginnt mit seinen Vorbereitungen zum Mord, indem er Deveroux und Macdonald zur Untat dingt. Thekla, nachdem sie den Tod von Max vernommen hat, verlässt heimlich Eger. In der Nacht wird die Bluttat ausgeführt. Die Kunde davon dringt nach Wien, und Octavio Piccolomini empfängt ein kaiserliches Schreiben, das ihn in den Fürstenstand erhebt.

Mit dem »Wallenstein« tritt Schiller ein in seine letzte Schaffensperiode, die reifste seines Lebens. Im Sommer 1799 schrieb er an Körner, dass er sich »für die nächsten sechs Jahre ganz ausschließlich an das Dramatische halten« wollte. Er entschloss sich, den Winter in Weimar zu verbringen, »um die Anschauung des Theaters zu haben«. Sechs Jahre wollte er Dramatiker sein, sechs Jahre waren ihm noch vergönnt zu leben.

Eine kurze Verschnaufpause legte er ein, bevor er das bereits mit Goethe angedachte Projekt »Maria Stuart« begann. Es war das »Lied von der Glocke«, dieses Gemälde von der bürgerlichen Gesellschaft, das er in der zweiten Septemberhälfte vollendete und das in Cottas Musenalmanach auf das Jahr 1800 erschien. Die erste Idee war ihm wohl 10 Jahre zuvor in Rudolstadt gekommen, als er eine Glockengießerei besichtigte. Ermuntert wurde er dann aktuell durch die Cellini-Übersetzung Goethes, in der es um die Kunst des Bronzegusses geht. Die jungen Romantiker des Schlegel-Kreises in Jena, so wurde kolportiert, sollen bei der Lektüre des Gedichts vor Lachen von den Stühlen gefallen sein. Mag sein – die Nachwelt war dann anderer Meinung.

Selmar Werners Schillerdenkmal in Dresden (1913) mit einer stilisierten szenischen Darstellung des »Lieds von der Glocke«.

Das Lied von der Glocke
[…] Wohltätig ist des Feuers Macht,
Wenn sie der Mensch bezähmt, bewacht,
Und was er bildet, was er schafft,
Das dankt er dieser Himmelskraft;
Doch furchtbar wird die Himmelskraft
Wenn sie der Fessel sich entrafft,
Einhertritt auf der eigenen Spur
Die freie Tochter der Natur.
Wehe, wenn sie losgelassen,
Wachsend ohne Widerstand
Durch die volkbelebten Gassen
Wälzt den ungeheuren Brand!
Denn die Elemente hassen
Das Gebild der Menschenhand.
[…]

In der Nacht des 11. Oktober brachte Charlotte das dritte Kind zur Welt, ein Mädchen, das auf den Namen Karoline Henriette Louise getauft wurde. Die Wöchnerin erholte sich, doch zwölf Tage später erkrankte sie an einem heftigen Nervenfieber. Besorgt schrieb Schiller an Goethe, dass seine Frau die Nacht phantasiere, das Fieber immer stärker werde und man hoffentlich nicht mit dem

Schlimmsten rechnen müsse. Goethe fand das tröstende Wort: »Unsere Zustände sind so innig verwebt, dass ich das, was Ihnen begegnet, an mir selbst fühle.« Vier Wochen schwebte Charlotte zwischen Leben und Tod. Fieberfantasien wechselten ab mit Lethargie und Geistesabwesenheit. Schiller, in diesem Fall medizinisch ambitioniert, notierte die Medikamente, die der Hausarzt der Kranken verabreichte: Gegen das Fieber Opium, Moschus und Chinarinde, gegen die Geistesabwesenheit Kampfer. Seine Schwiegermutter, die »chère mère«, wachte mit kühlem Kopf am Bett der Kranken und sprach Schiller Mut zu. Später, nach überstandener Krankheit und Charlottes vollständiger Genesung schrieb er einen Dankesbrief an seine Schwiegermutter:

»Wie sehr, beste Chère Mère, wünschte ich Ihnen jetzt Ruhe, dass Ihre Gesundheit von der langen Anstrengung des Geistes und des Körpers sich recht erholen möge. Ich werde es meinen Lebtag nie vergessen, wie viel Sie uns allen und besonders mir gewesen, und wie man einander eigentlich nur im Unglück recht kennen lernt.«

Weimar

Zwischen Goethe, Schiller und dem Herzog wurde seit der Wallenstein-Aufführung im Frühjahr mehr oder weniger verhandelt, nicht ob, sondern wann der Dichter aus Jena endlich an den Weimarer Musenhof ziehen würde. Im Herbst 1799, nach der glücklich überstandenen Krankheit seiner Frau, teilte Schiller dem Herzog mit, dass er sich in Jena »wie in eine Wüste versetzt« fühlte. Freudig antwortete der Regent, dass er in Weimar willkommen sei: »Ihre Gegenwart wird unsern gesellschaftlichen Verhältnissen von Nutzen sein.«

Es war sogar, wahrscheinlich durch die Vermittlung Goethes, an eine Gehaltserhöhung gedacht. Schiller konnte mit einer Erhöhung um 200 Thaler jährlich rechnen. Mit der Hilfe Goethes wurde bald eine geeignete Wohnung in der Windischengassse beim Rathaus

Schillers Wohnung in der Weimarer Windischengasse 9 vom Dezember 1799 bis April 1802.

gefunden. In der stattlichen Wohnung lebten zuvor die Kalbs; sie mussten aber wegen der aufwändigen Haushaltsführung in ein kleineres Anwesen umziehen. Am Vormittag des 3. Dezember traf Schiller mit Goethe zusammen. Dann erfolgte der Umzug. Mitte Dezember waren die Renovierungen abgeschlossen, und Charlotte konnte mit den Kindern nachkommen. Am Nachmittag des 19. Dezember besuchte Goethe die Familie Schiller in der neuen Wohnung.

Die Arbeit an der »Maria Stuart« wurde wieder aufgenommen. Der erste Akt war schon unterwegs zu einem englischen Übersetzer. Erste Leseproben mit Schauspielern fanden statt, da man daran dachte, noch im Sommer das Trauerspiel aufzuführen. Die

Zeit drängte. Anfang Mai konnte Schiller den größten Teil fertigstellen. Den fünften und letzten Akt wollte er im herzoglichen Jagdschloss Ettersburg niederschreiben. Dort besuchte ihn der Herzog, der sich vom Fortschreiten der Arbeiten überzeugen wollte. Ende Mai besuchten ihn die Hofschauspieler Becker, Haide und das Ehepaar Voss zur Leseprobe. Anfang Juni kehrte Schiller wieder nach Weimar zurück und meldete bald darauf die Vollendung der »Maria Stuart«.

Wenige Tage später, am 14. Juni wurde »Maria Stuart« im Weimarer Hoftheater uraufgeführt. Der Erfolg war, wie zu erwarten, groß. Allerdings meldeten Herder und Wieland Kritik an – auf der Ebene sachlicher Argumentation. Von den Romantikern des Jenaer Schlegel-Kreises schlugen Schiller Hohn und Spott entgegen. Körner fand sachliche Worte, die das Neue und Ungewöhnliche der dramatischen Kunst Schillers aussprachen:

»Du näherst Dich hier der Manier der Alten, eine Handlung darzustellen. Es gibt keinen Helden in Deinem Stück, selbst die Hauptpersonen sind nicht idealisiert, und keine ihrer Schwächen und gehässigen Seiten verborgen, an denen sie in der Geschichte kenntlich sind. Wie sehr ist es Dir gleichwohl gelungen, jene hohe Rührung hervorzubringen, die der echten Tragödie eigentümlich ist.«

Mit »Maria Stuart« vollzog Schiller den Wechsel vom historischen zum poetischen Drama. Im Gegensatz zum »Wallenstein« veränderte er den historischen Befund. Figuren und Szenen wurden erfunden. Die beiden Königinnen werden in einem fast jugendlichen Alter vorgeführt. Während der Arbeit an dem Trauerspiel äußerte er gegenüber Goethe, dass man zwar die Zeit und die Personen aus der Geschichte nehmen solle, doch »... alles Übrige poetisch frei zu erfinden, wodurch eine mittlere Gattung von Stoffen entstände, welche die Vorteile des historischen Dramas mit dem erdichteten vereinigte.«

Uraufführung 14. Juni 1800 im Hoftheater Weimar.

Erstes Quellenstudium und Skizzen in Buchenbach 1783. Beginn in Jena, April 1799.

Inhalt

Maria Stuart, Königin von Schottland, vom Thron und vom Volk als Gattenmörderin verjagt, wird im Schloß Fotheringhay von der englischen Königin Elisabeth gefangen gehalten, die fürchten muss, dass Maria nach der englischen Königskrone greifen will, um sie mit der schottischen zu vereinen. Der junge Mortimer, ein Verehrer Marias, ist bereit, sie gewaltsam zu befreien. Er findet Unterstützung im Grafen Leicester, der sich offenbart, Maria einst geliebt zu haben, sich dann aber Elisabeth zuwandte, die er jetzt an den König von Frankreich zu verlieren Gefahr läuft. Zwischenzeitlich haben die Richter das Todesurteil über Maria ausgesprochen. Nur Elisabeth zaudert noch. Leicester, der den Entführungsplan Mortimers für zu gewagt hält, bringt ein Treffen der beiden Königinnen zu Stande. Versöhnung bahnt sich an, doch dann beleidigen sich die Frauen. Maria weist auf die keineswegs einer Königin würdige Abstammung Elisabeths hin: »Der Thron von England ist durch einen Bastard entweiht ... Regierte Recht, so läget Ihr vor mir im Staube jetzt, denn ich bin Euer König.« Damit ist ihr Schicksal besiegelt, die Rivalin muss aufs Schafott! Nachdem ein Anschlag auf Elisabeth vereitelt worden ist, gerät Leicester ins Zwielicht. Er lässt Mortimer verhaften, und deckt dessen Verschwörung auf. Das Todesurteil wird vollstreckt und Elisabeth jubelt: »Ich bin Königin von England!«

Bedeutung

Im April 1799 schrieb Schiller an Goethe, dass er für sein Trauerspiel der »Euripidischen Methode« verpflichtet sei. Die für das Verständnis des Trauerspiels notwendige Vorgeschichte der Hauptperson wird in die Handlung integriert. Daraus erwachsen Spannung und Dramatik. Maria, die passive Heldin, steht der aktiven Elisabeth gegenüber. Es geht um den Vollzug oder die Vereitelung der Todesstrafe. Durch Marias Akzeptanz der Strafe fühlt sie sich als Büßerin ihrer Schuld Elisabeth überlegen: »Gott würdigt mich, durch diesen unverdienten Tod die frühe schwere Blutschuld abzubüßen.« Damit gewinnt sie durch den Tod an Würde und Hoheit, während Elisabeth, die über Maria triumphiert, von ihren Vertrauten verlassen wird, selbst von Leicester, nach dem sie fragt: »Der Lord läßt sich entschuldigen, er ist zu Schiff nach Frankreich.«

Eine romantische Tragödie in 5 Akten. Uraufführung am 11. September 1801 in Leipzig. Die Tragödie ist in der Zeit vom 1. Juli 1800 bis zum 16. April 1801 entstanden.

Inhalt

In einem Vorspiel wird der Aufbruch Johannas aus ihrer idyllisch-ländlichen Umgebung und der Abschied von den Eltern, den Geschwistern und ihrem Verlobten Raimond geschildert. Die Engländer haben bereits Paris erobert. Jetzt stehen sie vor Orleans. Im Hoflager König Karls zu Chinon verdrängt man die Gefahr mit üppigen Festen. Das Parlament in Paris setzt den König ab und hebt Harry Lancaster auf den Thron, dem Karls Mutter, Königin Isabeau und Herzog Philipp von Burgund bereits gehuldigt haben. Da erreicht Karl die Nachricht, dass eine »Jungfrau mit behelmten Haupt« und tapferen Franken ein englisches Heer ohne Verluste geschlagen habe. Nach einer zweiten siegreichen Schlacht unter dem Banner der Heiligen Muttergottes gegen die Engländer kann Johanna den abtrünnigen Herzog von Burgund wieder für die Sache Frankreichs gewinnen.

Um ihrer göttlichen Sendung gerecht zu werden, schlägt Johanna alle Bewerbungen der Edlen Frankreichs aus. Sie verliebt sich in ihren Freund, den schwarzen Ritter. Sie hat ihr Gelübde gebrochen.

Bei den Krönungsfeierlichkeiten in Reims wankt sie beim Orgelschall bleich aus der Kathedrale. Ihr ebenfalls anwesender Vater beschuldigt sie der »Teufels Kunst«. Ihre Gefolgsleute fallen von ihr ab, und sie wird als »Hexe von Orleans« in Ketten gelegt. Eine neue Schlacht tobt, in der die Franzosen unterzugehen drohen. Im Kerker fleht sie um Gottes Beistand. Sie wird erhört und eilt, nachdem die Ketten von ihr abgefallen sind, zum Schlachtfeld, wo sich alsbald das Kriegsglück Frankreich zuwendet. Sie wird tödlich verwundet und stirbt mit den Worten: »Der schwere Panzer wird zum Flügelkleide. Kurz ist der Schmerz und ewig ist die Freude.«

Deutung und Wirkung

Die historische Gestalt der Johanna wurde 1430 von den Burgundern gefangen und den Engländern ausgeliefert. 1431 verurteilte sie der geistliche Gerichtshof von Rouen als Hexe. Sie starb auf dem Scheiterhaufen. 1456 widerrief der Papst das Urteil. 1894 wurde sie selig und 1920 heilig gesprochen.

In Frankreich erregte die Tragödie großes Interesse. Sie wurde ein Jahr später übersetzt. In diesem Werk vollzog Schiller die Abwendung vom Klassischen und Historischen hin zum »Drama als Legende«, wie es Benno von Wiese ausdrückte. Schiller rückte das Wunderbare mit den Mitteln der Poesie in den Bereich der Wirklichkeit: Das Übersinnliche wird durch das Erhabene konkret.

»Maria Stuart« gehörte zur »mittleren Gattung«. Das trifft in noch höherem Maße zu für »Die Jungfrau von Orleans«, die er eine »romantische Tragödie« nannte. Die erste Beschäftigung mit dem Stoff fiel in die Zeit kurz nach der Uraufführung der »Maria Stuart«.

»Ich will dir aus meinem neuen Plan kein Geheimnis machen«, schrieb er am 28. Juli an Körner. »Das Mädchen von Orleans ist der Stoff den ich bearbeite ... Poetisch ist der Stoff in vorzüglichem Grade ... Mir ist aber angst vor der Ausführung, eben weil ich sehr viel darauf halte, und in Furcht bin, meine eigenen Ideen nicht erreichen zu können.«

Bei diesen »eigenen Ideen« handelte es sich um dramaturgisch notwendige »poetische Erfindungen«. Wir müssen Schiller zu Gute halten, dass er die uns heute zur Verfügung stehenden Quellen noch nicht kennen konnte. Deswegen wohl auch der Tod der Heldin im Kampfgetümmel und nicht als Hexe auf dem Scheiterhaufen. Märchenhafte Schwärmereien und deftige Ritterspektakel begleiten das Handlungsgefüge und vermitteln die Atmosphäre des späten Mittelalters. Schillers Vorliebe für alte Ritterbücher – »Da liegt doch der Stoff zu allem Schönen und Großen« – schlug sich in vielen Details nieder, wie beispielsweise im dritten Aufzug des Vorspiels. Johanna entreißt dem Landmann Bertrand den Helm, den er auf wundersame Weise von einem »braun Bohemerweib« erhalten hatte. Diese Szene nutzte Schiller, um die Berufung Johannas anzudeuten:

JOHANNA *rasch und begierig darnach greifend:*
Gebt mir den Helm!
BETRAND Was frommt Euch dies Geräte?
Das ist kein Schmuck für ein jungfräuliches Haupt.
JOHANNA *entreisst ihm den Helm:*
Mein ist der Helm, und mir gehört er zu.
THIBAUT Was fällt dem Mädchen ein?
RAIMOND Lasst ihr den Willen!
Wohl ziemt ihr dieser kriegerische Schmuck,
Denn ihre Brust verschließt ein männlich Herz.

Denkt nach, wie sie den Tigerwolf bezwang,
Das grimmig wilde Tier, das unsre Herden
Verwüstete, den Schrecken aller Hirten.
Sie ganz allein, die löwenherz'ge Jungfrau,
Stritt mit dem Wolf und rang das Lamm ihm ab,
Das er im blut'gen Rachen schon davontrug.
Welch tapfres Haupt auch dieser Helm bedeckt,
Er kann kein würdigeres zieren!

Ende September des Jahres 1800 begann Schiller mit der Ausarbeitung der »Jungfrau von Orleans«. Im April des folgenden Jahres konnte er Goethe melden: »Ich werde heute mit meinem Stück fertig, und dieser Tag ist mir also doppelt wert.«

Zwei Tage später hielt Goethe das Manuskript in Händen. Zusätzlich sandte Schiller seinem Freund einen Entwurf für die Rollenbesetzung zu. Goethe äußerte sich lobend über das Stück, doch meldete er Zweifel an, ob es für eine Aufführung tauglich sei. Möglich, dass der Herzog seine Zweifel an dem Stück Goethe bereits mitgeteilt hatte. Er erwartete ein Lustspiel in der Art von Voltaires »Pucelle«, einem humorig-ironischen Gedicht. Er glaubte, das Publikum würde etwas ähnliches auf der Bühne erleben wollen. Hinzu kam, dass für die Titelrolle die Karoline Jagemann, eine intime Freundin des Herzogs, vorgesehen war. Diese als »tragische Jungfrau« vorzustellen, hätte das Publikum mit Hohn und Spott quittiert.

Die Uraufführung fand am 11. September 1801 in Leipzig statt. Der Erfolg war wieder grandios. Es folgten kurz nacheinander zwei weitere Aufführungen, von denen Schiller und seine Frau die dritte am 17. September besuchten. Schiller wurde stürmisch gefeiert. Der Kritiker Merkel, der zuvor noch die »Maria Stuart« gnadenlos verrissen hatte, schrieb jetzt: »Als eigentliches Drama steht es unter allen seinen Arbeiten am niedrigsten, oder richtiger gesagt, am wenigsten hoch. Als romantisch-historisches Charakterstück ist es die kühnste, erhabenste Unternehmung, die je ein Dichter gewagt hat.«

1803: Seekriege zwischen Großbritannien und Frankreich. Reichsdeputationshauptschluss: Auflösung aller geistlichen Gebiete außer Mainz. Tod von Friedrich Gottlieb Klopstock und Johann Gottfried Herder.
1804: Krönung Napoleons I. zum Kaiser der Franzosen. Der Code Civil Napoleons garantiert persönliche Freiheit, Rechtsgleichheit, privates Eigentum, die Zivilehe und die Ehescheidung. Franz II. als Franz I. zum österreichischen Kaiser gekrönt. Geburt Eduard Mörikes. Jean Pauls »Flegeljahre«. Tod Immanuel Kants. Geburt von George Sand, franz. Dichterin.
1805: Bündnis der dritten Koalition zwischen England, Russland und Österreich gegen Frankreich. Schlacht bei Austerlitz: Napoleon besiegt Österreich und Russland. Schlacht bei Trafalgar: Die englische Flotte unter Admiral Nelson besiegt die französisch-spanische Flotte. Geburt des dänischen Dichters Hans Christian Andersen.

Verleihung des Adelsdiploms

Die Zeit zwischen der Fertigstellung der »Jungfrau von Orleans« und der Uraufführung war für Schiller poetisch nicht ergiebig. Es galt, das Gartenhaus samt Grundstück in Jena zu verkaufen, was sich als schwierig erwies, und die damit zusammenhängende Finanzierung des Weimarer Hauses zu regeln.

Die »Braut von Messina« lag zwar als Konzept vor, doch zögerte Schiller mit einer detaillierten Ausarbeitung. Ein Schauspiel über die Malteser war schon lange angedacht, doch auch hier fehlte ihm eine eindringliche dramatische Struktur. Schließlich wandte er sich der Bearbeitung von Lessings »Nathan der Weise« zu. Das Stück wurde am 28. November im Weimarer Hoftheater mit großem Erfolg aufgeführt. Das war bemerkenswert, da Lessings dramatisches Gedicht 1783 in Berlin durchgefallen und danach kein Intendant gewillt war, dieses Stück auf die Bühne zu bringen. Schiller hatte es für das deutsche Theater gerettet.

Das Ende des Jahres war von Krankheiten gezeichnet. In Weimar grassierten die Masern. Auch die Kinder Schillers und seine Frau wurden angesteckt. Dann musste Schiller selbst einen heftigen Fieberanfall erleiden, an den sich Krämpfe anschlossen, die ihn aufs Äußerste schwächten. In den ersten Tagen des neuen Jahres 1802, in denen er täglich seine Gesundheit gefährdet sah, eilte er ins Hoftheater, um die Proben für »Turandot« zum Abschluss zu bringen. Am 30. Januar 1802 fand dann die Uraufführung von Gozzis Werk pünktlich zum Geburtstag der Herzogin statt. Der Erfolg war mäßig. Nur an den Rätseln fand das Publikum Gefallen, so dass Schiller und Goethe beschlossen, für jede spätere Weimarer Aufführung die alten Rätsel durch neue zu ersetzen.

Dann konnte Goethe seinen Freund für die Tell-Sage interessieren und schwärmte von der einzigartigen Kulisse der Schweizer Berge. Schiller war begeistert und schrieb am 16. März an Cotta, er möge ihm unbedingt eine Landkarte von der Schweiz besorgen, damit er

Gotthold Ephraim Lessing
Schon als Karlsschüler hatte sich Schiller mit den Schriften Lessings befasst. In Mannheim zur Zeit der Aufführung der »Räuber« und »Kabale und Liebe« (siehe S. 54) dachte er viel über die gesellschaftliche Funktion des Dramas und des Theaters nach. Mit seinem Vortrag vor der Kurpfälzischen Gesellschaft »Die Schaubühne als moralische Anstalt betrachtet« versuchte er, Lessings »Hamburgische Dramaturgie« weiterzuentwickeln.
Lessing wurde 1729 in Kamenz/Oberlausitz geboren, studierte Medizin in Leipzig und war als Übersetzer und Schriftsteller tätig. Eine Weltreise brach er wegen des Ausbruchs des Siebenjährigen Krieges ab. Von 1767 bis 1770 war er in Hamburg tätig und anschließend bis 1781 als Bibliothekar in Wolfenbüttel. Ab 1777 begann die Fehde mit dem Hauptpastor Goeze. Er starb 1781.
Schauspiele: Miss Sara Sampson (1755), Minna von Barnhelm (1767), Emilia Galotti (1772), Nathan der Weise (1779).
Theoretische Schriften: Briefe, die neueste Literatur betreffend (insbes. 17. Literaturbrief – 1759), Laokoon, oder Über die Grenzen der Malerei und Poesie (1766), Hamburgische Dramaturgie (1767/69)

Gotthold Ephraim Lessing, Gemälde aus dem 18. Jh.

sich eine lebendige Vorstellung von der Landschaft, dem See und dem Gebirge machen könne. Im Sommer jedoch unterbrach er die Arbeit am »Tell« und wandte sich wieder der »Braut von Messina« zu.

Schon zu Beginn des Jahres hatte sich die Familie Schiller entschlossen, in Weimar ein geräumiges und repräsentatives Haus zu erwerben. Sie fanden es in der

Das Goethe–Schiller-Denkmal vor dem Weimarer Nationaltheater.

Das Schillerhaus an der Weimarer Esplanade um 1800. Kolorierter Kupferstich.

Esplanade. Es gehörte dem Engländer Joseph Charles Mellish, der es neu erbaut hatte. Nachdem die Schwiegermutter 600 Reichstaler beigesteuert hatte, entschloss man sich zum Kauf. Am 29. April fand der Einzug in das neue Haus, das heutige Schillerhaus, statt. Am selben Tag starb übrigens Schillers Mutter im Pfarrhaus von Cleversulzbach bei Heilbronn. Cotta, auf der Durchreise zur Leipziger Buchmesse, überbrachte die traurige Nachricht nach Weimar. Er meldete sie Charlotte, die ihrem Mann am 11. Mai die traurige Nachricht schonend mitteilte.

Anfang November wurde Schiller die Verleihung des Adelsdiploms aus Wien angekündigt. Karoline, die Schwester Charlottes, leitete diese Ehrung in die Wege, um ihrer Schwester den Zugang zur Weimarer Hofge-

Weimar, Das Schillerhaus in der Schillerstraße, der ehemaligen Esplanade, heute.

sellschaft zu ermöglichen. Unterstützt wurde sie von den Damen der Weimarer Gesellschaft, die den Wunsch ihrem Herzog unterbreiteten, der sich daraufhin an den zuständigen Wiener Hof, den römisch-deutschen Kaiser wandte, um die Nobilitierung einzuleiten. Nun war auch Charlotte mit einem Mann von Adel verheiratet und hatte, so verlangte es die Etikette, Zutritt zu offiziellen Hofveranstaltungen. Der Glückwunsch seiner altadeligen Schwiegermutter sprach Schiller aus dem Herzen und lässt die erfrischende Nüchternheit, mit der beide den Adelstitel begrüßten, erahnen:

»Zu dem angekommenen Von wünsche ich Glück, und ob mir gleich Schiller noch Lollo lieber dadurch geworden sind, so denke ich doch, es kann zu manchem Angenehmen in W Anlass geben.«

Am 1. Februar 1803 war die Arbeit an der »Braut von Messina« abgeschlossen. Man ging sogleich an die Vorbereitungen zur Aufführung. Da die Tragödie mit Chören versehen war, ersuchte man Karl Friedrich Zelter, die Musik zu komponieren. Christiane von Wurmb war als Sängerin vorgesehen. Am 19. März konnte die Uraufführung im Weimarer Hoftheater stattfinden.

Und wieder nahm das Publikum die Aufführung mit Jubel auf. Einer der jungen Leute, der Sohn des Jenaer Professors Schütz, konnte nicht an sich halten. Es riss ihn in die Höhe, und er brachte lauthals ein Vivat auf Schiller aus. Das entsprach nicht der Etikette, da der Hof anwesend war. Der Herzog übertrug Goethe das zweifelhafte Amt, den Stadtkommandanten von Jena aufzufordern, dem Übeltäter eine Verwarnung zukommen zu lassen …

Während der heißen Sommertage entschlossen sich die Schillers, wieder einmal eine Reise zum kleinen Badeort Lauchstädt zu unternehmen (siehe S. 96). Sie versprachen sich Erholung und Zerstreuung. Schiller war bei guter Gesundheit, genoss das Flanieren, sehnte sich aber nach einigen Tagen schon nach neuer Arbeit.

Tragödie in 5 Akten mit Chören. Uraufführung in Weimar am 19. März 1803. Beginn der Arbeit im Mai 1801, Abschluss am 1. Februar 1803.

Inhalt

Die zerstrittenen Brüder Don Manuel und Don Cesar erscheinen vor ihrer Mutter Donna Isabella, der Fürstin von Messina, um sich von ihr versöhnen zu lassen. Im Gefolge treten zwei Chöre auf, die die Anhänger der Brüder repräsentieren.

Der Mutter gelingt die Versöhnung. Nun möchte sie noch ein altes Familiengeheimnis lüften: In einem Kloster lebt verborgen und den Brüdern nicht bekannt Beatrice, die Tochter der Donna Isabella. Nun möchte die Mutter den Brüdern ihre Schwester zuführen und sendet den getreuen Diego zum Kloster.

Doch schon zuvor hat Don Manuel auf einem Jagdausflug, der ihn ins Kloster führte, Bekanntschaft mit Beatrice gemacht. Beide verliebten sich ineinander. Auch Don Cesar kreuzte die Wege der jungen Nonne und entflammte in Liebe zu ihr, wenn auch ohne ihr Wissen.

Don Manuel bringt Beatrice in einen Garten, um sie der Mutter als Braut vorzustellen. Dort entdecken die Anhänger Don Cesars die junge Frau. Don Cesar sucht sie sogleich auf, um ihr seine Liebe zu gestehen. Sie, in Erwartung Don Manuels, weicht erschrocken zurück. Zwischenzeitlich meldet Diego das Fehlen Beatrices im Kloster und glaubt an einen Raub durch Korsaren.

Im Garten kommt es dann zum

verhängnisvollen Zusammentreffen. Der Hass zwischen den Brüdern flammt erneut auf. Don Cesar ersticht Don Manuel, und die Mutter enthüllt das Geheimnis der verborgenen Tochter und der feindlichen Brüder: Zwei Orakelsprüche lasteten unheilvoll über der Familie. Ihrem verstorbenen Gemahl erschien ein Traumbild, dem zu Folge die Geburt einer Tochter für den Tod der Brüder verantwortlich sein würde. Ein weiteres Traumbild war der Fürstin erschienen: Die Tochter würde die Herzen der Brüder in heißer Liebe auflodern lassen. Don Cesar, untröstlich über den Brudermord, ersticht sich. Der Chor resümiert »nach einem tiefen Schweigen«: »Das Leben ist der Güter höchstes nicht, der Übel größtes aber ist die Schuld.«

Bedeutung

Schiller hat die Fabel frei erfunden. Vorbild war ihm vielleicht »König Ödipus« von Sophokles. Die antike Schicksalsidee, der zu Folge der Weg des Menschen von den Göttern vorherbestimmt ist, bewegte Schiller. Er kleidete Elemente der griechischen Tragödie in eine neue Form, was besonders in der Aufnahme des Chors deutlich wird. In ihm erkannte der Dichter neue Möglichkeiten, die Poesie der Handlung zu betonen, um den Realitätscharakter unbedeutend erscheinen zu lassen. Mit dem Chor schuf Schiller so etwas wie ein poetisches Organisationsprinzip der tragischen Handlung und zugleich eine Instanz, »die großen Resultate des Lebens zu ziehen und die Lehren der Weisheit auszusprechen«, wie er in der Vorrede zur Tragödie »Über den Gebrauch des Chors in der Tragödie« schrieb. Storz spricht von einem Verfremdungseffekt ähnlich dem, den Brecht in seinen Dramen benutzte, um bestimmte Grundgedanken und Weltanschauungen besonders eindringlich zu präsentieren.

Möglicherweise ließ er sich auch von Shakespeare inspirieren, der in seinem »Heinrich V.« und im »Wintermärchen« ebenfalls einen Chor einsetzte, um ›Räume und Zeit‹ zu überbrücken.

Weimar, Schillerhaus. Schreibtisch.

Das von Goethe geplante Römische Haus im Landschaftsgarten von Weimar.

Am Nachmittag des 3. Juli traf Prinz Eugen von Württemberg, der Bruder des nunmehr in Württemberg regierenden Herzogs Friedrich, im Badeort ein und suchte Schiller auf. Zusammen besuchten sie eine denkwürdige Aufführung der »Braut von Messina«. Viele Studenten aus Halle und Jena waren angereist, um Schiller zu sehen. Während der Aufführung brach ein Unwetter los, Donner und Regen übertönte die Deklamationen, so dass man die Handlung erraten oder aus dem Gesten- und Minenspiel der Schauspieler ablesen musste. Der Schauspieler Graff erinnerte sich an die Schlusszene:

»In dem Augenblick, als ich im vierten Akt kaum die Stelle zu sprechen anfing ›Wenn die Wolken getürmt den Himmel schwärzen,

Wenn dumpftosend der Donner hallt,/Da, da fühlen sich alle Herzen/

In des furchtbaren Schicksals Gewalt‹ brach wirklich über dem Haus ein fürchterlicher Donner los, so dass das ganze Haus erzitterte.«

Schiller betrat nach dem furiosen Ende der Vorstellung die Bühne und beglückwünschte die Schauspieler. Am Abend fand sich eine kleine Gruppe von Studenten vor dem Haus der Schillers zusammen und brachte dem Dichter ein Ständchen dar. Dann erschien eine Delegation und fragte an, ob sie Schiller zu einem Kommers, einem festlichen Trinkabend, einladen dürfte. Schiller sagte zu und erfreute sich dort unter anderem auch der Gesellschaft des Romantikers Friedrich de la Motte Fouqué.

Mitte Juli kehrte Schiller mit seiner Familie wieder heim. Er war glücklich, nun endlich den »Wilhelm Tell«, dessen Entwurf abgeschlossen war, zu vollenden. Fast täglich traf er mit Goethe zusammen. Beide Dichter sprachen über die Anlage und Ausführung des neuen Schauspiels. Unterdessen waren auch die von Cotta versprochenen Bände über die Schweizer Geschichte sowie weiteres Anschauungsmaterial bei Schiller eingegangen, so dass er Ende August die Vorstudien zum

»Tell« abschließen konnte. Den ganzen September konzentrierte er sich auf die Gestaltung der Szenen und Akte. An Körner richtete er Mitte September die dringende Bitte, ihm alles, was er an guten Schriften über die Schweiz auftreiben könne, zuzusenden. Schiller verwandelte seine Studierstube in ein Schweizer Ambiente, wie Goethe später berichtete. Er heftete Spezialkarten und Prospekte von der Schweiz an die Wände und studierter Schweizer Reisebeschreibungen, »... bis er mit Weg und Stegen des Schauplatzes des Schweizer Aufstandes auf das Genaueste bekannt war.« Goethe schilderte die Schreibwut Schillers mit dramatischen Worten:

Die Eingangstür zum Goethehaus in Weimar.

Durch die Seifengasse in Weimar spazierten Goethe und Schiller häufig vom Frauenplan zum Haus der Frau von Stein.

»Überfiel ihn die Müdigkeit, so legte er den Kopf auf den Arm und schlief. Sobald er wieder erwachte, ließ er sich nicht, wie ihm fälschlich nachgesagt worden, Champagner, sondern starken schwarzen Kaffee bringen, um sich munter zu halten. So wurde der Tell in sechs Wochen fertig; er ist aber auch wie aus einem Guss.«

Schiller benötigte zur Fertigstellung mehr als sechs Wochen, da er in seiner Arbeit während der unwirtlichen Wintermonaten immer wieder von Fieberanfällen unterbrochen wurde. Am 18. Februar 1804 konnte er endlich die Vollendung des »Wilhelm Tell« melden. Es war nicht nur der labile Gesundheitszustand, der ihn von der Arbeit abhielt, sondern auch die Ankündigung eines bedeutenden Gastes in Weimar: Madame

Schillers Wohnhaus in der Weimarer Esplanade, um 1800.

de Staël, geborene de Necker, 38 Jahre alt und Mutter von fünf Kindern. Sie galt damals als bedeutende Literatin, deren Schriften aufrührerisch wirkten, weswegen sie von Napoleon ausgewiesen wurde. Am 14. Dezember hielt sie Einzug in Weimar. Sie war berüchtigt, wenn nicht gar geschmäht wegen ihrer flinken Zunge – Goethe hätte wohl »Geschwätzigkeit« dazu gesagt. Er flüchtete nach Jena. Schiller an den Freund:

»Gegen ihre Gründe, warum Sie jetzt nicht hierher kommen wollen, läßt sich gar nichts einwenden, ich habe sie dem Herzog noch möglichst geltend zu machen gesucht.«

Madame de Staël
Germaine, Baronin von Schleswig-Holstein, geborene Necker, genannt Madame de Staël, wurde am 22. April 1766 in Paris geboren und starb dort am 14. Juli 1817. Trotz anfänglicher Begeisterung für die Französische Revolution floh sie 1792 an den Genfer See. Sie kehrte aber 1795 nach Paris zurück, wo sie sich alsbald gegen die Politik Napoleons wandte, der sie 1802 der Stadt verwies. In den Jahren von 1803 bis 1804 und im Jahr 1807 bereiste sie Deutschland. Hier kam sie mit Goethe, Schiller und Wieland zusammen und schloss sich in Berlin dem Schlegel-Kreis an. Ihr Werk »De l'Allemagne« von 1810 (deutsche Ausgabe 1814), das Napoleon vernichten ließ, erschloss den Franzosen die deutsche Denkungsart und bereitete die Romantik in Frankreich vor. In ihren Romanen, unter anderem »Corinna oder Italien« (1807), trat sie für die Emanzipation der Frau ein.

Zunächst war Schiller von der französischen Literatin begeistert, »... es ist alles aus einem Stück und kein fremder, falscher und pathologischer Zug an ihr ...«. Doch dann, wenige Tage später, meldete er nach Jena: »Das einzig Lästige ist die ganz ungewöhnliche Fertigkeit ihrer Zunge, man muss sich ganz in ein Gehörorgan verwandeln, um ihr folgen zu können.«

Madame de Staël kam nicht nur mit Schiller zusammen, den sie wegen seiner uniformähnlichen Hoftracht anfangs als Offizier ansah, sondern auch mit dem alten Wieland. Herder, den sie ebenfalls gerne kennenlernen wollte, konnte sie nicht mehr besuchen. Er lag im Sterben. Am 18. Dezember erlag er seinen Leiden. Die geistvolle Französin wollte den »deutschen Geist« ergründen, um die deutsche Kultur den Franzosen nahezubringen, was ihr in ihrer Schrift »De l'Allemagne« sicherlich großartig gelungen ist.

Madame de Staël, Porträt von E. L. V. Le Brun, Mitte 19. Jahrhundert.

Schauspiel in 5 Akten. Uraufführung am 17. März 1804 in Weimar. Beginn der Arbeiten Ende Januar 1802. Hauptarbeit von August 1803 bis zum 18. Februar 1804.

Inhalt

Das idyllische Szenarium am Vierwaldstätter See verwandelt sich in ein Unwetter. Konrad Baumgarten, der einen Burgvogt des Kaisers erschlagen hat, trifft am Ufer ein, um sich über den See zu retten. Wilhelm Tell erscheint und bringt den Flüchtenden trotz des Unwetters ans rettende Ufer.

Im Haus von Walter Fürst treffen sich die Vertreter der drei Kantone Uri, Schwyz und Unterwalden. Sie beklagen die Willkür der Reichsvögte und planen den Befreiungskampf. Auch der Landadel schließt sich dem Volk an. Der alte Freiherr von Attinghausen versucht, seinem Neffen Ulrich von Rudenz das Ritterfräulein Berta auszureden – er würde die Sache der Freiheit verraten.

Des Nachts treffen die drei Abgesandten auf dem Rütli zusammen und beschwören ihre Eintracht. Es kommt zum Rütli-Schwur: »Wir wollen sein ein einzig Volk von Brüdern,/In keiner not uns trennen und Gefahr.«

Bei einer Aussprache zwischen Rudenz und Berta gibt das Ritterfräulein zu verstehen, dass auch sie die Sache des Volkes vertritt. Derweil erscheint Wilhelm Tell mit seinem Sohn in Altdorf. Er passiert den Hut des Kaisers ohne diesen vorschriftsmäßig zu grüßen und trifft auf den Landvogt Geßler, der das Vergehen bemerkt und ihn festnehmen lässt. Er soll den Apfel auf dem Kopf seines Sohnes treffen: »Du schießest oder stirbst mit deinem Knaben.« Tell trifft und eröffnet dem Landvogt, dass er den zweiten Pfeil für ihn vorgesehen habe. Wieder lässt dieser Tell festnehmen, um ihn mit dem Schiff nach Küßnacht in den Kerker zu verfrachten. Doch ein Sturm kommt auf. In seiner Verzweiflung muss Geßler die Ketten Tells lösen, damit er das Unwetter meistert. Tell springt in den See, wissend, dass eine Felsplatte knapp unter der Wasseroberfläche (Tellplatte) ihm Halt gibt. So kann er entkommen.

In der hohlen Gasse bei Küßnacht erwartet Tell den Landvogt, der durch einen gezielten Pfeilschuss ins Herz getroffen wird. Der Tyrannenmord ist das Fanal zur offenen Empörung gegen die Herrschaft. Die Eidgenossen erscheinen vor Tells Haus und huldigen dem Befreier des Landes. Berta und Rudenz verloben sich und erklären alle ihre Knechte zu freien Eidgenossen.

Bedeutung

Schiller fügte die Tell-Sage mit der Geschichte des eidgenössischen Freiheitskampfes und der Berta-Rudenz-Verlobung zusammen. Den drei Komponenten ist der Drang nach Freiheit gemeinsam. Bei der Liebeshandlung geht es um eine Adelige, die sich zur Freiheit des Volkes bekennt, bei den Eidgenossen um die persönliche Freiheit und bei Tell um die moralische Freiheit. Schiller wollte ein Volksdrama schaffen und erreichte das durch eine ungewöhnlich authentische Darstellung des helvetischen Szenariums:

»Erste Szene. Hohes Felsenufer des Vierwaldstättersees, Schwyz gegenüber. Der See macht eine Bucht ins Land, eine Hütte ist unweit dem Ufer, Fischerknabe fährt sich in einem Kahn. Über den See hinweg sieht man die grünen Matten, Dörfer und Höfe von Schwyz im hellen Sonnenschein liegen. Zur Linken des Zuschauers zeigen sich die Spitzen des Haken, mit Wolken umgeben; zur Rechten im fernen Hintergrund sieht man die Eisgebirge. Noch ehe der Vorhang aufgeht, hört man den Kuhreihen und das harmonische Geläut der Herdenglocken, welches sich auch bei eröffneter Szene noch eine Zeitlang fortsetzt.«

Sogar eine Annäherung an den Dialekt wagte Schiller – zu diesem Zweck benutzte er übrigens ein Lexikon der Schweizer Sprache: »Lug, Seppi, ob das Vieh sich nicht verlaufen.«

Im »Tell« rang Schiller um eine neue dichterische Form. Es ging ihm nicht nur um die Poetisierung des Historischen – das war ihm bereits mit der »Jungfrau« gelungen – sondern um die Wirksamkeit des Theatergeschehens auf das Publikum. Während der Arbeit am »Tell« schrieb er im September 1803 an Körner: »Wenn mir die Götter günstig sind, das auszuführen, was ich im Kopf habe, so soll es ein mächtiges Ding werden und die Bühnen von Deutschland erschüttern.« Im Kopf hatte er die Schilderung des alpenländischen Szenariums und die Präsentation helvetischer Charakteristika. Die »poetische Operation«, von der Schiller sprach, war vollbracht: »Das ganz örtliche, beinahe individuelle und einzige Phänomen hat die höchste Notwendigkeit und Wahrheit erreicht.« In diesem Sinne, so Storz, ist der »Tell« das eigentlich klassische Drama Schillers geworden.

Schiller in seiner letzten Lebenszeit. Miniaturbildnis von Emma Körner, 1808.

Titelblatt und Titelkupfer der Erstausgabe vom »Wilhelm Tell«, Tübingen Cotta 1804.

Madame de Staël blieb über den Jahreswechsel hinaus in Weimar und traf auch Goethe einige Male, der sich höflich zurückzuziehen wusste und dem Freund den Vortritt ließ. Doch auch Schiller hielt sich zurück. Mehrmals lehnte er eine Einladung Goethes mit der Begründung der Arbeit am »Tell« ab, wohl wissend, dass er damit der leidigen Konversation mit der französischen Madame entkam. Aufatmend nahmen beide Dichter die Ankündigung zur Kenntnis, dass die Staël ihre Abreise für den 29. Februar 1804 plante.

Die Apfelschussszene aus dem »Tell«. Holzschnitt zur Tell-Sage aus dem 16. Jahrhundert.

Wilhelm Tell, 3. Akt, 3. Szene
(unmittelbar vor dem »Tell-Schuss«)

GESSLER *zum Tell:*
Ans Werk! Man führt die Waffen nicht vergebens.
Gefährlich ist's, ein Mordgewehr zu tragen,
Und auf den Schützen springt der Pfeil zurück.
Dies stolze Recht, das sich der Bauer nimmt,
Beleidiget den höchsten Herrn des Landes.
Gewaffnet sei niemand, als wer gebietet.
Freut's euch, den Pfeil zu führen und den Bogen,
Wohl, so will ich das Ziel euch dazu geben.
TELL *spannt die Armbrust und legt den Pfeil auf:*
Öffnet die Gasse! Platz!
STAUFFACHER:
Was, Tell? Ihr wolltet – Nimmermehr – Ihr zittert,
Die Hand erbebt Euch, Eure Knie wanken –
TELL *lässt die Armbrust sinken:*
Mir schwimmt es vor den Augen!
WEIBER: Gott im Himmel!
TELL *zum Landvogt:*
Erlasset mir den Schuss. Hier ist mein Herz!
Er reißt die Brust auf.
Ruft Eure Reisigen und stoßt mich nieder.
GESSLER:
Ich will dein Leben nicht, ich will den Schuss.
– Du kannst ja alles, Tell, an nichts verzagst du,
Das Steuerruder führst du wie den Bogen,
Dich schreckt kein Sturm, wenn es zu retten gilt,
Jetzt, Retter, hilf dir selbst – du rettest alle!
Tell steht in fürchterlichem Kampf, mit den Händen zuckend und die rollenden Augen bald auf den Landvogt, bald zum Himmel gerichtet – Plötzlich greift er in seinen Köcher, nimmt einen zweiten Pfeil heraus und steckt ihn in seinen Goller. Der Landvogt bemerkt alle diese Bewegungen.
WALTER TELL *unter der Linde:*
Vater, schieß zu, ich fürcht mich nicht.

Anfang März begannen die Leseproben zum »Tell« und danach die Theaterproben. Am 17. März konnte das Stück im Hoftheater aufgeführt werden.

Berlin-Pläne

Schiller war unruhig geworden. Die Weimarer Verhältnisse plagten ihn, unerfreuliche Kontroversen mit Goethe, möglicherweise waren auch Irritationen mit dem Hof im Spiel. Vielleicht störten den Dichter die

Kommentare und konkreten »Empfehlungen« des Herzogs. An der Abendmahlsszene der »Maria Stuart« soll er Anstoß genommen haben, und die Uraufführung der »Jungfrau« verbat er sich (siehe S. 147).

Schon im Februar 1803 ließ Schiller verlauten, dass er sich »nach einem anderen Wohnort und Wirkungskreis« umsehen wollte. Im April 1804 schrieb er an seinen Schwager Wolzogen: »Es gefällt mir hier mit jedem Tag schlechter, und ich bin nicht willens, in Weimar zu sterben. Nur in der Wahl des Orts, wo ich mich hinbegeben will, kann ich mit mir noch nicht einige werden.«

Schiller, Steinzeichnung von Johann Gottfried Schadow zur Zeit seines Berlin-Aufenthalts.

Der Ort war bald gefunden: Berlin. Innerhalb von zwei Tagen brachen die Schillers auf – vielleicht so überstürzt durch die erneute Ankündigung eines Weimar-Aufenthalts der Madame de Staël in Begleitung August Wilhelm Schlegels.

Die Reise führte über Weißenfels, Leipzig, Wittenberg und Potsdam nach Berlin, wo die Familie Wohnung im »Hôtel de Russie«, Unter den Linden 23 bezog. Charlotte erwartete ihr viertes Kind. Anfang Mai traf man sich bei Ifflands zu Tisch. Mit Charlotte wurde Schiller am 13. Mai bei der Königin Luise empfangen, die sich sehnlich einen Umzug der Schillers von Weimar nach Berlin wünschte. Natürlich schloss sich

Das neue Schauspielhaus in Berlin um 1815. Aquarell von Fr. A. Calau.

Kolorierter Kupferstich (Detail) um 1790 vom Berliner Dom.

Iffland diesem Wunsch an. Zusammen besuchten sie eine Aufführung der »Braut von Messina«. Schillers Anwesenheit hatte sich in Windeseile herumgesprochen, und beim Erscheinen in seiner Loge brandete ihm tosender Jubel entgegen.

Schiller erklärte sich schließlich einverstanden, einige Jahre in Berlin zu verbringen und gegebenenfalls sogar den Geschichtsunterricht des Kronprinzen zu übernehmen. Es lag ihm offensichtlich sehr viel an einem Ortswechsel. Mit dem Kabinettsrat von Beyme erörterte er die Modalitäten einer Übersiedlung nach Berlin, nachdem ihm eine Pension von 3000 Reichstalern in Aussicht gestellt worden war. Das war ein stattlicher Betrag gegenüber den 400 Reichstalern in Weimar.

Wann er von den Berlin-Plänen wieder abrückte, ist nicht bekannt. Im Mai, gleich nach der Rückkehr in Weimar, unterrichtete er Goethe und den Herzog von seinen Plänen. Goethe vermittelte und bewirkte beim Herzog eine Erhöhung der jährlichen Pension auf 800 mit der Aussicht einer weiteren Erhöhung auf 1000 Reichstaler. Schiller war einverstanden und entschloss sich, in Weimar zu bleiben. Allerdings dachte er noch oft an Berlin und zögerte vor einer endgültigen Absage. Schließlich teilte er am 18. Juni dem Kabinettsrat Beyme mit, dass er zwar in Weimar bleiben wollte, jedoch geneigt sei, für 2000 Reichstaler jährlich mehrere Monate in Berlin zu verbringen. Sein Schreiben blieb unbeantwortet.

Am 19. Juli machte sich die Familie Schiller auf den Weg nach Jena, da Charlotte es vorzog, das Kind in der Nähe ihres Arztes Dr. Stark zur Welt zu bringen. Wenige Tage später zog sich Schiller nach einem abendlichen Spaziergang eine Erkältung zu und wurde von starken Unterleibsschmerzen heimgesucht. Vermutlich handelte es sich um eine Darmverschlingung. Der Arzt rechnete mit dem Schlimmsten. Am nächsten Tag wurde die jüngste Tochter geboren und später auf den Namen Emilie Henriette Luise getauft. Schiller erholte sich allmählich, doch wirkte dieser Anfall noch wochenlang nach, so dass Schiller erst am 19. August nach Weimar zurückkehren konnte. Doch auch in den

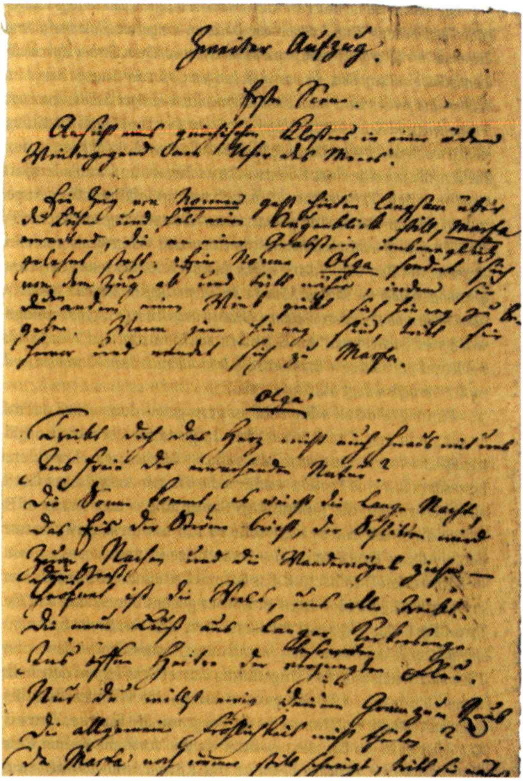
Zweiter Aufzug.

Olga.

Einer der letzten Texte, der »Demetrius«. Das Schauspiel wurde nicht vollendet.

eigenen vier Wänden fand er nur langsam zu seinen Kräften zurück. Im September klagte er, dass der »Kopf angegriffen« sei: »... und das bisschen Schreiben wird mir sauer.« Erst im Oktober kam er allmählich wieder zu Kräften und traute sich an den Schreibtisch. Er wandte sich einem neuen Projekt zu, dem »Demetrius«.

In den Wintermonaten standen Festlichkeiten bei befreundeten Familien und am Hofe an, die Schiller mit dem Preis von Fieberanfällen und Unpässlichkeiten bezahlte: »Leider ist meine Gesundheit so hinfällig, dass ich jeden freien Lebensgenuss gleich mit wochenlangem Leiden büßen muss.« Im Dezember warf ihn ein hartnäckiger Katarrh auf das Krankenlager. Die Presse berichtete bereits vom Tod Schillers, woraufhin ihm Cotta zur Freude über seine »Wiederauferstehung« 40 Flaschen Portwein und 10 Flaschen Malaga überbringen ließ. Der Katarrh wollte nicht weichen. Schiller vermochte lediglich, leichte Nebenarbeiten zu verrichten. Er skizzierte das Drama »Agrippina« an, verbesserte und übersetzte einige Verse von Shakespeares »Othello« in der Übersetzung von Heinrich Voß und bearbeitete auf Wunsch des Herzogs Racines »Phädra« für die Bühne.

Den Jahreswechsel verbrachte zu Hause, Anfang Februar 1805 befiel ihn erneut ein heftiges Fieber. Nach einer leichten Besserung beschloss er, sich den »Demetrius« wieder vorzunehmen, doch glaubte er, nicht vor Ende des Sommers die Tragödie abschließen zu können.

Tod in Weimar

Endlich, Ende Februar, war er fieberfrei und lebte auf. Die Besserung hielt an. Er arbeitete am »Demetrius«-Konzept und brachte die Bearbeitung des »Othello« zum Abschluss. Zwischenzeitlich war auch Goethe erkrankt und genas langsam. Beide trafen sich mehrmals und diskutierten über Diderots »Rameaus Neffe«. Am 1. Mai 1805 fühlte sich Schiller frisch und erstmals seit

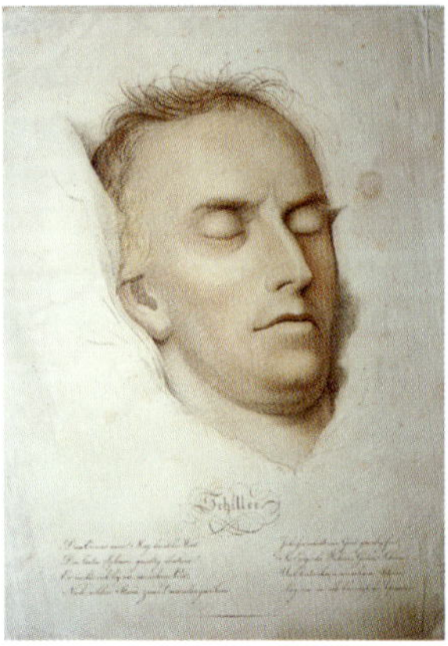

Schiller auf dem Totenbett. Kreidezeichnung von Ferdinand Jagemann vom 10. Mai 1805.

langer Zeit schmerzfrei. Zusammen mit Charlottes Schwester Karoline besuchte er das Theater. Auf dem Weg traf er Goethe, der selbst noch kränkelte und sich rasch vom Freund verabschiedete, da er die Gesellschaft nicht aufhalten wollte. Es war das letzte Mal, dass sich beide Dichter trafen. Nach der Aufführung wollte Heinrich Voss den Dichter aufsuchen. Er fand Schiller in seiner Theaterloge, zusammengekrümmt und von Fieberanfällen geschüttelt. Voss brachte ihn nach Hause und alarmierte den Arzt, Dr. Wilhelm Ernst Christian Huschke, dem es gelang, durch Kräutertinkturen Besserung herbeizuführen. Doch schon bald fiel der Kranke wieder zurück in Fieberanfälle und längere Ohnmachten. Am 8. Mai saßen die Schwestern Charlotte und Karoline an seinem Bett. Auf die Frage nach seinem Befinden antwortete er: »Immer besser, immer heiterer.« Am nächsten Tag, den 9. Mai 1805 gegen 15.00 Uhr stockte sein

Schillers Grab

Schiller wurde in der Nacht zum 12. Mai nach Weimarer Sitte zwischen 24.00 und 1.00 Uhr im sogenannten »Kassettengewölbe« auf dem Alten Friedhof der St. Jakobskirche in Weimar bestattet. Am 16. Dezember 1827 erfolgte die endgültige Beisetzung in der Fürstengruft zu Weimar. Später gesellten sich die Sarkophage von Herzog Karl August und Goethe hinzu.

Schillers Totenmaske, abgenommen von Johann Christian Ludwig Klauer am 10. Mai 1805.

Atem, ein Nervenschlag erschütterte ihn. Um 17.45 Uhr starb er. Als Todesursache gab der Arzt an: Akute Lungenentzündung mit weit fortgeschrittener eitriger Zerstörung der linken Lunge, Entartung der Herzmuskulatur und Darmverengung.

Niemand wagte, Goethe die Todesnachricht zu überbringen. Selbst Christiane Vulpius zögerte und berichtete von einer langen Ohnmacht Schillers. Da erriet er das Geschehene, und mit dem wiederholten Ausruf »Er ist tot!« bedeckte er sich die Augen mit seinen Händen.

Die Beisetzung war, wie es Brauch war, für die Nacht vom 11. auf den 12. Mai vogesehen. Sie fand auf dem Jakobsfriedhof im sogenannten Kassettengewölbe statt. Erst im Jahre 1827 überführte man die sterblichen Überreste in die Fürstengruft, in der später auch Goethe bestattet wurde.

Die Fürstengruft mit den Särgen von Goethe und Schiller in Weimar auf dem Historischen Friedhof, wo unter anderem auch Charlotte von Stein und Johann Peter Eckermann bestattet sind.

Schillers dramatisches Schaffen ist zweifellos bedeutender als sein lyrisches Werk. Dennoch verdienen die Gedichte, Balladen und Lieder dieselbe Aufmerksamkeit. Es sind vier Schaffensperioden zu unterscheiden:

1. 1781–85: Es handelt sich um die Gedichte für die Anthologie. Unter anderem entstanden die »Laura-Oden«. Die Periode endet mit dem »Lied an die Freude«.

2. 1787–88: In diesen beiden Jahren entstanden wenige Gedichte, darunter »Die Götter Griechenlands« und »Die Künstler«.

3. 1795–97: Schiller schuf die »weltanschaulichen« Gedichte wie »Das Ideal und das Leben« und »Der Spaziergang«. Es folgten die Balladen, unter anderem »Der Ring des Polykrates«, »Der Taucher« und »Die Kraniche des Ibykus«, sowie, mit Goethe zusammen, die Xenien.

4. 1798–1803: Die reifste Epoche: »Das Lied von der Glocke« und das Fragment »Deutsche Größe«.

Der größte Teil seiner Gedichte sind in Sammlungen oder in größeren Gruppierungen erschienen, wobei eine thematische Zusammengehörigkeit nicht immer gewährleistet war. Die »Anthologie auf das Jahr 1782« kam anonym im Selbstverlag heraus (siehe S. 41), doch wurde der Autor rasch bekannt. In den »Gothaischen gelehrten Zeitungen« vom Januar 1782 war zu lesen:

»Herr Regimentsdoctor Schiller zu Stuttgardt gibt in Metzlers Verlag eine neue Anthologie heraus. Die meisten Gedichte sind von ihm selbst, und von einem Feuer, wie man es vom Dichter der Räuber erwarten darf.«

Im Jahre 1786 brachte die Zeitschrift »Thalia« vier Jugendgedichte heraus: »Freigeisterei der Leidenschaft«, »Resignation«, »An die Freude« und »Die unüberwindliche Flotte«. Dann wurden für zehn Jahre keine Gedichte mehr publiziert. Erst in den Jahrgängen 1796–99 des »Musenalmanachs« und in den »Horen« von 1795 bis 1796 erschienen größere Gruppen von Gedichten.

Schiller schwebte eine zweibändige Gedichtausgabe seines lyrischen

Der Ring des Polykrates

Er stand auf seines Daches Zinnen,
Er schaute mit vergnügten Sinnen
Auf das beherrschte Samos hin.
»Dies alles ist mir untertänig,«
Begann er zu Ägyptens König,
»Gestehe dass ich glücklich bin.«

»Du hast der Götter Gunst erfahren!
Die vormals deinesgleichen waren,
Sie zwingt jetzt deines Zepters Macht.
Doch einer lebt noch, sie zu rächen,
Dich kann mein Mund nicht glücklich sprechen,
Solang des Feines Auge wacht.«

Und eh' der König noch geendet,
Da stellt sich, von Milet gesendet,
Ein Bote dem Tyrannen dar:
Laß, Herr des Opfers Düfte steigen
Und mit des Lorbeers muntern Zweigen
Bekränze dir dein festlich Haar!«

[...]

Schaffens vor. Der erste Band kam Ende August des Jahres 1800 heraus: »Gedichte von Friedrich Schiller. Erster Theil. Leipzig, 1800. bey Siegfried Leberecht Crusius., 335 Seiten. 8°.« Der Band erhält allerdings nur fünf Gedichte aus der Zeit vor der Begegnung mit Goethe.

Der zweite Band erschien drei Jahre später: »Gedichte von Friedrich Schiller. Zweyter Theil. Leipzig, 1800. bey Siegfried Leberecht Crusius., 358 Seiten. 8°.« Der Band enthält unter anderem die Gedichte »Zenit und Nadir«, »Das Spiel des Lebens«, »Punschlied« und »Der Pilgrim«.

Ballade
Der Terminus leitet sich vom italienischen »ballata« und dem provencalischen »ballada« ab und bedeutete ursprünglich »Tanzlied«. Es wurde von den mittelalterlichen Troubadours stilistisch kunstvoll entfaltet. In Deutschland entwickelte sich die Ballade aus dem mittelalterlichen Heldenepos und stellte schicksalhaftes Geschehen dar, das der Geschichte, den Mythen oder den Sagen entnommen war. Das englische Wort »ballad« wurde um 1770 in Deutschland aufgenommen. Mit Bürgers »Lenore« (1773) entstand die erste deutsche Volksballade, die von Goethe und Schiller zur Ideenballade weiterentwickelt wurde.

Unter Schillers Gedichten ragen zweifellos die Balladen heraus. Im sogenannten Balladenjahr 1797 (siehe S. 128) diskutierten Goethe und Schiller über die geeigneten Stoffe und Motive für diese Gattung. Das »Klassische«, vielmehr die griechische Poesie war der Leitstern und spielte bei der Stoffsuche eine besondere Rolle. Die »Ibykus-Geschichte« und der »Ring des Polykrates« waren in diesem Sinne »Programm«.

Keine Frage, dass bei der Auseinandersetzung um die poetische Form der Ballade immer wieder die Probleme der epischen und dramatischen Dichtung erörtert wurden.

Erstaunlich, wie spontan und mit welcher Leichtigkeit Schiller seine Balladen fertigstellte, er benötigte nur wenige Wochen. Diesem Unternehmen wohnte auch der Wunsch zum Experimentieren inne. Doch galt es vorrangig, den poetischen Gegenstand genau zu fixieren, um ihn in ein Kunstwerk zu überführen. Stoff, Thema und Motiv müssen aufeinander abgestimmt sein. Der Dichter muss die Grenzen seiner Gattung kennen, die im Gegenstand der Ballade sichtbar werden. Die künstlerische Gestaltung des Stoffes muss von einer realistischen Basis ausgehen, um im Ästhetischen die Empfindungen des Menschen für den Gegenstand zu wecken. So schrieb Schiller an Goethe am 4. April 1797:

»Zweierlei gehört zum Poeten und Künstler: dass er sich über das Wirkliche erhebt, und dass er innerhalb des Sinnlichen stehen bleibt. Wo beides verbunden ist, da ist ästhetische Kunst.«

Die Schillerbüste im Landschaftskassengewölbe auf dem St. Jakobsfriedhof in Weimar.

Schiller führte eine Liste, auf der er seine dramatischen Vorhaben notierte. Es waren mehr als dreißig Titel, die ihn bewegten, vor allem Geschichtsstoffe, die von Verschwörungen oder Verbrechen handelten. Mit der »Braut in Trauer« dachte er an eine Fortsetzung der »Räuber«. Es kam auch ein Pariser Kriminalstück mit dem Titel »Die Polizei« darin vor. Zur Entspannung bevorzugte er Reiselektüre, besonders Bücher über ferne Länder, exotische Sitten und abenteuerliche Seefahrten. Aus dem Briefwechsel mit Goethe geht hervor, dass er ein Stück mit dem Titel »Die Flibustier« über Seeräuber plante.

Storz hat zwei Gruppen der nachgelassenen Schriften unterschieden. Die erste Gruppe orientiert sich am »Wallenstein«, die zweite beschreibt er als »weniger deutlich geprägte Pläne« – sie setzen die Arbeit am »Wallenstein« nicht voraus.

Blatt des Marbacher Dramenverzeichnisses um 1797 bis 1804. Unter anderem: »Bluthochzeit zu Moskau« und »Das Schiff«.

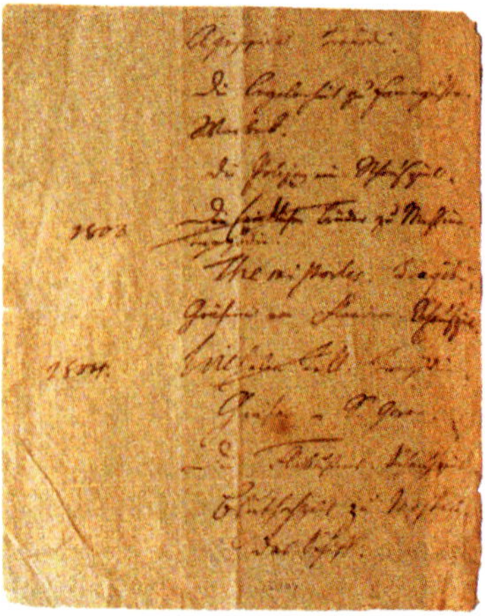

1. Gruppe

Elfriede. Stoff aus der Frühzeit der englischen Geschichte. Wenig umfangreich.

Die Polizei. Eine Art Großstadtdrama. Es findet sich unter anderem die Notiz: »Poetische Schilderung der Nacht zu Paris als des eigentlichen Gegenstandes und Spielraumes der Polizei«. Dieser Entwurf ist insofern interessant, da Schiller ein neues Formprinzip für das Drama finden wollte.

Die Kinder des Hauses. Umfangreicher Entwurf, der eng mit dem Polizei-Projekt zusammenhängt.

Die Braut in Trauer. Zweiter Teil

der »Räuber«, den er unmittelbar nach der Fertigstellung des »Don Carlos« bearbeiten wollte.

Warbeck. Ein Plan, der schon sehr weit gediehen war. Weiterentwicklung der Formprinzipien des »Wallenstein«.

Die Prinzessin von Celle. Am 12. Juli 1804 notierte Schiller, dass er zur Arbeit am Stoff entschlossen sei. Zu dieser Zeit schrieb er am Demetrius. Er wollte also den Demetrius-Plan fallen lassen, und sich der »Prinzessin« widmen. Spannung zwischen Politik und persönlichem »weiblichen Menschentum«.

Demetrius. Der am weitesten gediehene Plan (siehe S. 165). Die endgültige Gestalt lag vor, so dass Goethe beabsichtigte, das Werk seines Freundes zu vollenden.

2. Gruppe

Themistokles. Stoff, Figuren und Absicht entsprechen der frühen »Don-Carlos«-Zeit. Es ging Schiller um die »Schilderung des Bürgergefühls«. Für seine Würde und seine Ideale muss der Mensch höhere Werte anerkennen.

Die Malteser. Während der Auseinandersetzung mit dem »Carlos«-Stoff lernte Schiller die »Malteser« kennen und beschäftigte sich mit dieser Thematik intensiv bis zum Jahre 1801. Thema: Belagerung und die auf sich selbst gestellte Männergesellschaft.

Agrippina. Eine »reine Tragödie«: Agrippina, die ihren Sohn Nero durch verbrecherische Machenschaften auf den Thron gebracht hat, wird von ihrem Sohn ermordet. Muttermord als »Gerechtigkeit ihres Falles«. Wenig weit entwickelt.

Die Gräfin von Flandern. Die Gräfin will sich verheiraten und hat ihre Gunst ihrem Edelknappen geschenkt. Doch von nah und fern erscheinen die Freier. Verwicklungs-

Weimar, Schillerhaus. Wohn-, Arbeits- und Sterbezimmer.

und Verwechslungsszenen, Vereinigung der Liebenden und glückliches Ende. Die Anlage liegt vollständig entwickelt vor.

Das Schiff. Die Flibustier. Das Seestück. Drei mit der Seefahrt zusammenhängende Pläne, die zu verschiedenen Zeiten anskizziert worden sind. Inspiration durch Reiseberichte und Lust zum Experimentieren.

Chronologie

1759	Geboren in Marbach am Neckar. Vater: Johann Caspar Schiller, Soldat, Offizier und herzoglicher Hofgärtner
1766	Übersiedlung nach Ludwigsburg und Besuch der Lateinschule. Entschluss, Pfarrer zu werden.
1773	Herzogliche Militär-Akademie, die spätere Hohe Karlsschule. Studium der Jurisprudenz, später der Medizin.
1777	Beginn der Arbeit an den »Räubern« (Fertigstellung 1780).
1780	Entlassung aus der Akademie. Anstellung als Regimentsmedikus.
1782	»Anthologie auf das Jahr 1782«. 22. September: Flucht aus Stuttgart nach Mannheim. Fertigstellung des in Stuttgart begonnenen »Fiesko«, Beginn der Arbeit an »Kabale und Liebe«.
1782/83	Bauerbach bei Meiningen durch Vermittlung von Frau von Wolzogen. Freundschaft mit dem Bibliothekar Reinwald. »Kabale und Liebe« abgeschlossen. Arbeit an »Don Carlos«.
1783/84	Theaterdichter in Mannheim.
1784	Vortrag: »Die Schaubühne als Moralische Anstalt betrachtet«. Liebschaft mit Charlotte von Kalb, die ihn mit Herzog Karl August von Weimar bekannt macht. Ernennung zum »Weimarischen Rat«.
1785	Übersiedlung nach Leipzig und später nach Dresden. Freundschaft mit Körner. Hymnus »An die Freude«. Arbeit an »Don Carlos«.
1786	Philosophische Briefe und »Der Verbrecher aus Verlorener Ehre«.
1787	Arbeit am Roman »Der Geisterseher« (erscheint 1787–1789) und an »Der Abfall der Niederlande« (erscheint 1788).
1787/92	Geschichtsstudien.
1788	Volkstädt bei Rudolstadt. Frau von Lengefeld und ihre beiden Töchter. Gedicht: »Die Götter Griechenlands«. Geschichtsprofessur in Jena.
1789	Übersiedlung nach Jena. Verlobung mit Charlotte von Lengefeld.
1790	Ehebund mit Charlotte von Lengefeld.
1791	Schwere Erkrankung. Idee zum »Wallenstein«. Pension auf drei Jahre vom Erbprinzen Friedrich Christian von Schleswig-Holstein-Augustenburg.
1792	Abschluss der »Geschichte des Dreißigjährigen Krieges«.
1792/96	Fast ausschließlich philosophische und ästhetische Studien.
1793	»Über Anmut und Würde«. »Über das Erhabene«. »Über die ästhetische Erziehung des Menschen«.
1793/94	Reise nach Stuttgart. Bekanntschaft mit Hölderlin und dem Verleger Cotta.
1794	Freundschaft mit Humboldt und Goethe.
1795/97	Herausgabe der »Horen«. »Über naive und sentimentalische Dichtung«.
1796/1800	Herausgabe des »Musenalmanach« (Xenien und Balladen).
1796/99	Arbeit am »Wallenstein«.
1799	Weimar. Bühnenbearbeitungen unter anderem von Lessings »Nathan« und Goethes »Iphigenie«.
1799/1800	Arbeit an »Maria Stuart« und »Warbeck«. »Das Lied von der Glocke«.
1800/01	»Die Jungfrau von Orleans«.
1801/02	»Die Braut von Messina«.
1802	Umzug ins eigene Haus (Schillerhaus). Erhebung in den erblichen Adelsstand.
1802/04	Arbeit an »Wilhelm Tell«.
1804	Plan und beginnende Arbeit an dem Trauerspiel »Demetrius«. Besuch in Berlin.
1805	9. Mai: Schillers Tod.

Literatur

Bibliographie

Vulpius, W. u. a.:
Schiller-Bibliographie 1893–1985, 4 Bde. Berlin-Weimar, 1959–1989.

Ausgaben

Schillers Werke.
Nationalausgabe, hrsg. von Julius Petersen und Gerhard Fricke (seit 1943), hrsg. von Julius Petersen und Hermann Schneider (seit 1948), hrsg. von Liselotte Blumenthal und Benno von Wiese (seit 1961), hrsg. von Norbert Oellers und Siegfried Seidel (seit 1980), hrsg. von Norbert Oellers (seit 1993), Weimar 1943ff.

Friedrich Schiller:
Werke und Briefe.
Hrsg. von Otto Dann u. a. 12 Bde. Frankfurt/ Main 1988ff.

Briefwechsel:
Schiller und Goethe.
Hrsg. von Paul Stapf, München o. J. (1980).

Zu Leben und Werk

Alt, P.-A.:
Schiller. Leben – Werk – Zeit, 2 Bde. München 2000.

Aurnhammer, A., Manger, K., Strack, Fr. (Hrsg.):
Schiller und die höfische Welt, Tübingen 1990.

Brandt, H. (Hrsg.):
Friedrich Schiller. Angebot und Diskurs. Zugänge – Dichtung – Zeitgenossenschaft, Berlin, Weimar 1987.

Bruford, W. H.:
Kultur und Gesellschaft im klassischen Weimar, 1775–1806, Göttingen 1966.

Burschell, Fr.:
Schiller, Reinbeck bei Hamburg 1982.

Dann, O., Oellers, N., Osterkamp, E. (Hrsg.):
Schiller als Historiker, Stuttgart, Weimar 1995.

Gelhaus, A., Oellers, N. (Hrsg.):
Schiller. Bilder und Texte zu seinem Leben, Köln, Weimar, Wien 1999.

Koopmann, H.:
Schiller. Eine Einführung, München, Zürich 1988.

Koopmann, H.:
Schiller-Handbuch, Stuttgart 1998.

Kraft, H.:
Um Schiller betrogen, Pfullingen 1978.

Kraft, H. (Hrsg):
Andreas Streichers Schiller-Biografie, Mannheim, Wien, Zürich 1974.

Lahnstein, P.:
Schillers Leben, München 1981.

Merseburger, P.:
Mythos Weimar. Zwischen Geist und Macht, München 1998.

Oellers, N.:
Schiller, Stuttgart 1989.

Pilling, C., Schilling, D., Springer, M.:
Friedrich Schiller, Reinbek bei Hamburg 2002.

Springer, M.:
»Legierungen aus Zinn und Blei«. Schillers dramatische Fragmente. Frankfurt/Main 2000.

Staiger, E.:
Friedrich Schiller, Zürich 1967.

Storz, G.:
Der Dichter Friedrich Schiller, Stuttgart 1959.

Wiese, B. von.:
Friedrich Schiller, Stuttgart 1959.

Wilpert, G. von:
Schiller-Chronik. Sein Leben und Schaffen, Stuttgart 2000.

Wolzogen, C. von:
Schillers Leben, verfasst aus Erinnerungen der Familie, seinen eigenen Briefen und den Nachrichten seines Freundes Körner, 2 Thl. Stuttgart und Tübingen 1830

Zeller, B., Scheffler, W. (Hrsg):
Schiller. Leben und Werk in Daten und Bildern, Frankfurt/Main 1977.

Abbildungsnachweis

Antiquariat Stenzer, Buch am Buchrain S. 163
Herzog August Wilhelm Bibliothek, Wolfenbüttel S. 149 o.
Ehrenfried Kluckert S. 10, 11, 16, 17, 20, 22, 27, 30 u., 64, 65 u., 68, 75, 76, 81, 93 o., 112, 116 u., 131, 134 u., 135, 140, 149 u., 150 u., 153 o., 155, 167, 171
Landesbildstelle, Stuttgart S. 31 o.
Marbach, Schiller-Nationalmuseum/Deutsches Literaturarchiv S. 8, 9, 12, 13, 14, 18, 26, 28, 29, 30 o., 31 u., 32, 33, 35, 36, 38, 39, 41, 44, 47, 48, 50, 58, 61 o., 62, 66 M., 77 u., 79 o., 83, 84, 87, 89, 90, 91, 95, 97, 99, 101, 104, 113, 116 o., 122, 124, 125, 132, 133, 134 o., 136 o., 137, 142, 150 o., 156, 159, 160, 162 o., 164, 166, 170
Niedersächsische Staats- und Universitätsbibliothek, Göttingen S. 24
Schloss Montbéliard S. 25
Schlossmuseum Ludwigsburg S. 21
Städelsches Kunstinstitut, Frankfurt am Main S. 123
Stadtgeschichtliches Museum, Leipzig S. 57, 65 o., 70
Städtisches Museum Jena S. 94
Stadtmuseum Berlin S. 162 u.
Stiftung Weimarer Klassik S. 49 (Babovic), 55, 61 u., 67, 77 o., 78 o., 78 u. (Babovic), 79 u., 85, 86, 127, 136 u., 152 (Babovic)

DUMONT Schnellkurse

Band 508

Band 510

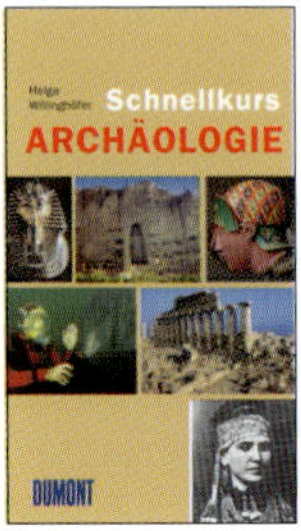

Band 542

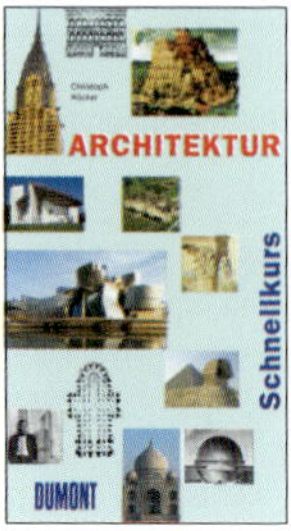

Band 517

Band 537

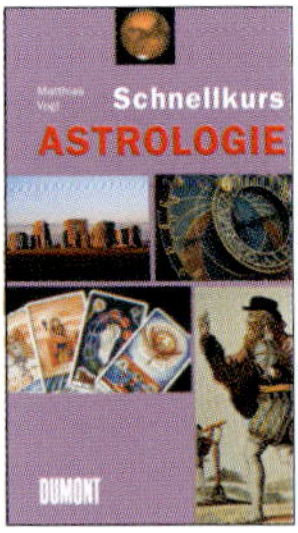

Band 546

Band 521

Band 533

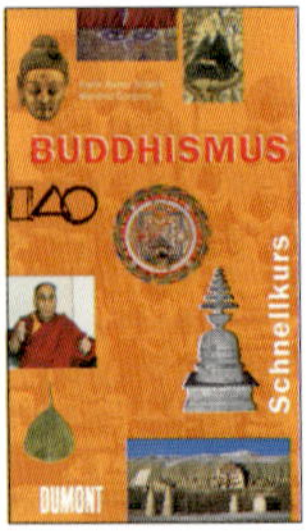

Band 516

Band 534

Band 525

Band 502

Weitere Informationen über die DuMont Schnellkurse erhalten Sie bei Ihrem Buchhändler oder beim DuMont Literatur und Kunst Verlag • Postfach 10 10 45 • 50450 Köln

So übersichtlich wie ein Lexikon,
so unterhaltsam wie ein Roman,
so anschaulich wie ein Bilderbuch.

Band 529

Band 520

Band 514

Band 509

Band 541

Band 527

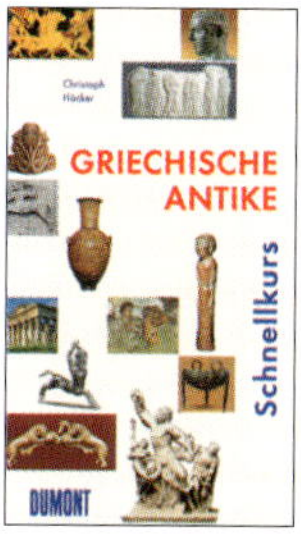

Band 506

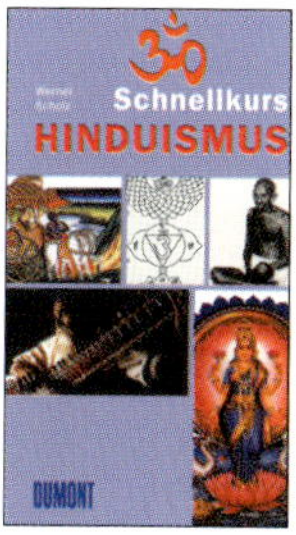

Band 522

Band 539

Band 531

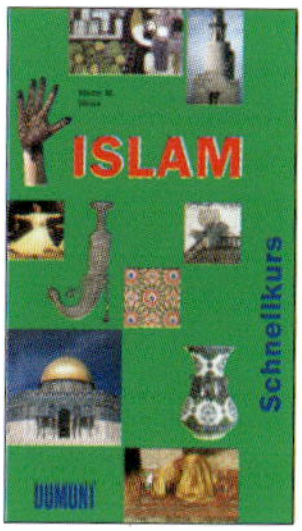

Band 518

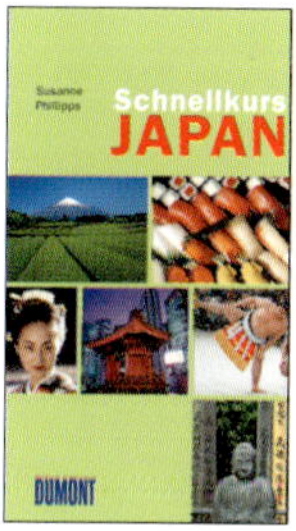

Band 547

Weitere Informationen über die DuMont Schnellkurse erhalten Sie bei Ihrem Buchhändler oder beim DuMont Literatur und Kunst Verlag • Postfach 10 10 45 • 50450 Köln

DUMONT Schnellkurse

Band 505

Band 528

Band 535

Band 540

Band 542

Band 511

Band 549

Band 512

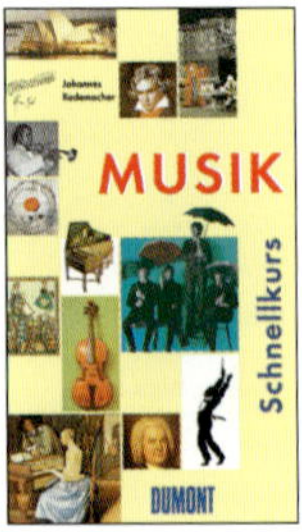

Band 501

Band 513

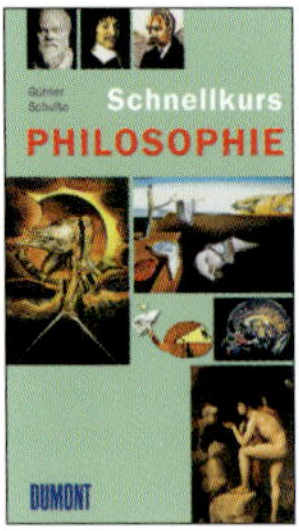

Band 524

Band 519

Weitere Informationen über die DuMont Schnellkurse erhalten Sie bei Ihrem Buchhändler oder beim DuMont Literatur und Kunst Verlag • Postfach 10 10 45 • 50450 Köln

So übersichtlich wie ein Lexikon, so unterhaltsam wie ein Roman, so anschaulich wie ein Bilderbuch.

Band 538

Band 536

Band 551

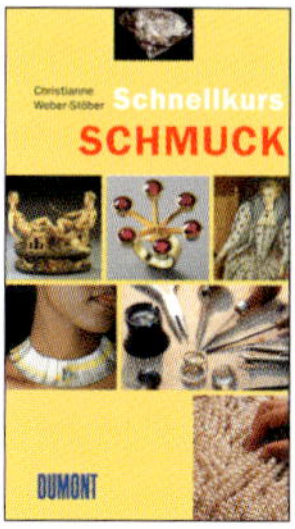

Band 543

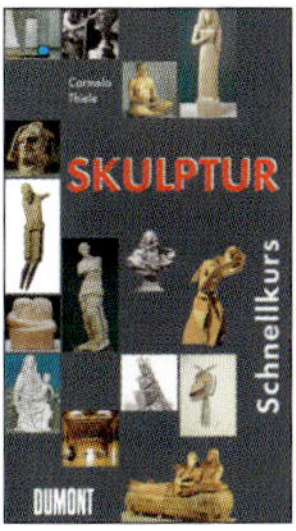

Band 504

Band 550

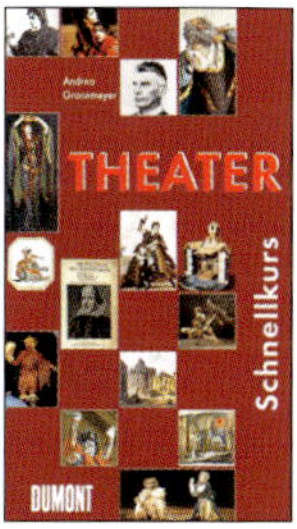

Band 503

Band 530

Band 544

Band 532

Jeder Band hat ca. 192 Seiten und ca. 180 Abbildungen.

Das vollständige Programm und ausführliche Informationen zu allen lieferbaren Titeln und Neuerscheinungen finden Sie unter

www.DumontLiteraturundKunst.de

Weitere Informationen über die DuMont Schnellkurse erhalten Sie bei Ihrem Buchhändler oder beim DuMont Literatur und Kunst Verlag • Postfach 10 10 45 • 50450 Köln